www.ingramcontent.com/pod-product-compliance
Lightning Source LLC
LaVergne TN
LVHW010341070526
838199LV00065B/5763

# رشید انصاری

## کے ملی سماجی و سیاسی مضامین

مرتبہ:
مکرم نیاز

© Taemeer Publications LLC

**Rasheed Ansari ke Milli Samaji wo Siasi Mazameen**
by: Mukarram Niyaz
Edition: November '2024
Publisher :
*Taemeer Publications LLC* (Michigan, USA / Hyderabad, India)

ISBN 978-93-5872-743-2

مرتب یا ناشر کی پیشگی اجازت کے بغیر اس کتاب کا کوئی بھی حصہ کسی بھی شکل میں بشمول ویب سائٹ پر اَپ لوڈنگ کے لیے استعمال نہ کیا جائے۔ نیز اس کتاب پر کسی بھی قسم کے تنازع کو نمٹانے کا اختیار صرف حیدرآباد (تلنگانہ) کی عدلیہ کو ہوگا۔

©تعمیر پبلی کیشنز

| | | |
|---|---|---|
| کتاب | : | **رشید انصاری کے ملی سماجی و سیاسی مضامین** |
| جمع و ترتیب / تدوین | : | مکرم نیاز |
| صنف | : | صحافتی مضامین |
| ناشر | : | تعمیر پبلی کیشنز (حیدرآباد، انڈیا) |
| سالِ اشاعت | : | ۲۰۲۴ء |
| صفحات | : | ۱۴۰ |
| سرورق ڈیزائن | : | تعمیر ویب ڈیزائن |

# فہرست

| | |
|---|---|
| (۱) سقوط حیدرآباد کے اسباب | 8 |
| (۲) سقوط حیدرآباد کے اثرات اور تلنگانہ | 15 |
| (۳) ۱۷ ستمبر - یوم نجات نہیں یوم ماتم | 22 |
| (۴) تحریک علاحدہ تلنگانہ اور مسلمانوں کا مستقبل | 29 |
| (۵) بابری مسجد - تعمیر سے شہادت تک | 37 |
| (۶) بابری مسجد کی پہلی شہادت - پنت اور پٹیل کی ملی بھگت؟ | 47 |
| (۷) تھانے اور جیلیں یا مقتل | 54 |
| (۸) سنگھ پریوار کا شکار - ہمارے دانشور | 59 |
| (۹) مظفر نگر - بیان بازی کے بجائے عملی اقدامات ضروری | 65 |
| (۱۰) ٹی وی چینلوں کے لیے ضابطۂ اخلاق کی ضرورت | 72 |
| (۱۱) ۲۰۱۴ء کے انتخابات کے چند منفی پہلو | 77 |
| (۱۲) اردو اخبارات میں گستاخانہ خاکوں کی اشاعت کا ظلم | 84 |
| (۱۳) وزیر اعظم کے عہدہ کیلئے مودی کی امیدواری؟ | 89 |
| (۱۴) چند علماء اور اکابرین کی مودی نوازی | 95 |
| (۱۵) مودی کی نامزدگی | 102 |
| (۱۶) کیا میڈیا مودی کا قد بلند کر سکے گا | 107 |
| (۱۷) مودی کا پروپگنڈہ - چند سوال | 113 |
| (۱۸) مسلمان اور بی جے پی - پس منظر و منظر | 119 |
| (۱۹) مودی راج میں قاتلوں کی عزت | 125 |
| (۲۰) مصر میں فرعون لوٹ آئے | 130 |
| (۲۱) شام کی خانہ جنگی سے اسرائیل کے خلاف مزاحمت کمزور؟ | 135 |

# پیش لفظ

**حیدرآباد (تلنگانہ، انڈیا) کے نامور بزرگ صحافی و دانشور محمد رشید معزالدین انصاری** (پیدائش:۳۰/اپریل ۱۹۳۹) ولد جناب محمد مظہرالدین احمد انصاری کا ۵/مئی ۲۰۲۰ء دوپہر بعمر ۸۱ برس انتقال ہو گیا۔

رشید انصاری روزنامہ اردو ٹائمز ممبئی اور ممبئی اردو نیوز کے مستقل کالم نویس تھے اور اپنے کالموں کے ذریعے قارئین کے بڑے حلقے میں مقبول تھے۔ پسماندگان میں دو فرزندان محمد رضی الدین فیصل (حیدرآباد)، محمد کمال الدین زبیر (حال مقیم جاپان) اور ایک دختر خدیجہ عارف (شکاگو، امریکہ) شامل ہیں۔

سینئر بزرگ صحافی اور کالم نویس رشید انصاری کا صحافتی کیریئر تقریباً ۵۰ برسوں پر محیط تھا۔ وہ بے باک صحافیوں میں شمار کئے جاتے تھے۔ ان کی تحریریں دوٹوک ہوتی تھیں۔ مسلم، سیاسی اور معاشرتی مسائل و امور پر ان کی کافی گہری نظر تھی اور اس کی جھلک ان کے کالموں میں دیکھنے کو ملتی تھی۔ انہوں نے حیدرآباد کے اردو اخبارات کے ساتھ سعودی عرب میں بھی ایک طویل عرصہ تک خدمات انجام دیں جہاں وہ سعودی عرب سے شائع ہونے والے اولین اردو روزنامہ "اردو نیوز" کیلئے بھی لکھا کرتے تھے۔ حیدرآباد واپس ہونے کے بعد بھی انہوں نے کالم نویسی کی اپنی مصروفیت جاری رکھی۔ شمالی ہند کے کئی اردو اخبارات کیلئے بھی انہوں نے کالم لکھے۔ اس کے ساتھ ساتھ بہترین تبصرے اور تجزیے لکھنے والوں میں ان کا شمار ہوتا تھا۔

کرکٹ کو وہ کافی پسند کرتے تھے۔ اسپورٹس کی سرگرمیوں کی بھی انہوں نے رپورٹنگ کی۔ سعودی عرب روانگی سے قبل انہوں نے اسپورٹس کے صحافی کی حیثیت سے بھی کام کیا تھا۔ اپنی دیانت دارانہ صحافت کی وجہ سے انہوں نے سعودی عرب میں بھی کافی مقبولیت حاصل کی تھی۔ ان کی بعض تحریریں انگریزی میں بھی شائع ہوئیں۔ ہندوستان کے کئی اردو اخبارات میں ان کے کالم شائع ہوتے تھے۔

رشید انصاری نہ صرف حیدرآباد بلکہ ہند و پاک کے مشہور جریدوں میں اپنے ملی و سماجی مضامین کی اشاعت کیلئے مشہور تھے۔ یو این آئی اردو دہلی ڈیسک کے سینئر صحافی عابد انور کے وہ قریبی رفیق تھے۔ ان کے انتقال کی اطلاع پاکر عابد انور نے ان کی صحافتی خدمات کو بھرپور خراج عقیدت پیش کیا اور ان کے غمزدہ ارکان خاندان سے تعزیت کا اظہار کیا۔ انہوں نے اپنے تعزیتی پیام میں کہا کہ مرحوم کی شناخت بے باک تحریروں کی وجہ سے ہوئی تھی۔ ان کے کالم اور ان کے تجزیے کافی مشہور ہوئے۔ ان کے انتقال سے جو خلا پیدا ہوا ہے، اس کا پر ہونا مشکل ہے۔ بیشتر صحافتی حلقوں سے وابستہ صحافیوں نے بھی اظہار تعزیت کیا ہے۔

ادارہ تعمیر نیوز کی جانب سے آن لائن پورٹل پر شائع شدہ **رشید انصاری** کی منتخب تحریروں کو مرتب کر کے کتابی شکل میں طبع کرنا دراصل حیدرآباد دکن کی اس موقر و معتبر صحافی کی تحریری خدمات کو دستاویزی طور پر محفوظ کرنے کے مترادف ہے۔ امید ہے کہ اس کاوش کا صحافتی حلقوں میں استقبال کیا جائے گا۔

یکم رنومبر ۲۰۲۴ء

حیدرآباد (تلنگانہ، انڈیا)

# سقوط حیدرآباد کے اسباب

سقوط حیدرآباد یعنی سلطنت آصفیہ (جو کہ ہندوستان میں مسلم اقتدار یا سلطنت مغلیہ کی آخری نشانی تھی) کے خاتمے کے ۶۱ برس بعد بھی حسّاس دل والوں (خواہ وہ دنیا کے کسی بھی خطہ میں ہوں، چاہے انہوں نے شاندار آصفی دور دیکھا ہو یا نہ دیکھا ہو) کا یہ حال ہے کہ حیدرآباد، آصفی سلطنت، نظام اور "ممالک محروسہ سرکار عالی حیدرآباد" کا نام یا ذکر پڑھ و سن کر ہی نہیں بلکہ سوچ کر ہی لگتا ہے کہ جیسے سینے پر کسی نے ایک تیر مارا ہو اور ہائے ہائے کی صدا بلند ہو رہی ہو۔ تاہم ایسے بھی بندگانِ خدا ہیں جن کے نزدیک یہ ایک ایسا تاریخی واقعہ ہے جس پر کسی قسم کے ملال یا رنج کرنے کی ضرورت نہیں ہے۔ یہ وہ حلقہ فکر ہے جس کے نزدیک مسلمانوں کے عروج و زوال کی کوئی اہمیت تو دور کی بات ہے ان کے نزدیک مسلمانوں کے ملّی تشخص کے تعین و تحفظ کا سوال ہی پیدا نہیں ہوتا ہے۔ اس مکتب فکر سے وابستہ افراد کے لئے مسلم اقتدار کے حوالے سے آصف جاہی سلطنت کی اہمیت و قدر و قیمت، اسلام، اسلامی تہذیب اور اردو زبان کے لئے آصف جاہوں کی خدمات آصف جاہی دور کی معاشی آسودگی، فرقہ وارانہ ہم آہنگی حیدرآباد کی منفرد تہذیب جس پر اسلامی اثرات نمایاں تھے اور آصف جاہی سلطنت سے وابستہ مسلم مفادات اور اردو کی ترقی و فروغ کے اسباب وغیرہ) کا وجود یا خاتمہ کوئی معنی نہیں رکھتا ہے۔ ان بے حس افراد کے لئے سقوط حیدرآباد کوئی المیہ یا سانحہ نہیں ہے۔ بلکہ سقوط

حیدرآباد کے ذکر کو وہ ماحول کو کشیدہ کرنے کا سبب مانتے ہیں۔

شکر کی بات یہ ہے کہ مسلمانوں کے تعلق سے اس قسم کی منفی سوچ رکھنے والوں کی تعداد قلیل ہے ورنہ نہ صرف مرحوم سلطنت آصفیہ کے حدود میں رہنے والے مسلمانوں بلکہ ملک بھر کے مسلمانوں اور ملک سے باہر حیدرآباد کے ماضی سے واقف مسلمانوں کے لئے یہ ایک ایسا سانحہ، ایک حادثہ، ایک المیہ ہے' جس کا ازالہ ممکن نہیں ہے۔ اس موقع پر سقوط حیدرآباد کے اسباب پر ایک نظر ڈالنا بھی ضروری ہے۔

حیدرآباد کے سقوط کے اسباب اور وجوہات ملک کی آزادی سے قبل اور بعد سقوط حیدرآباد (۱۷/ستمبر ۱۹۴۸ء) کے واقعات تک محدود نہیں ہےں بلکہ آصف جاہ اول کی رحلت کے بعد سے ہی آصف جاہ اول کے جانشینوں نے سلطنت آصف جاہی کے استحکام کے اقدامات کے ساتھ ہی انگریزوں سے تعلقات قائم کر کے اپنی سلطنت کی جڑوں کو کاٹنا شروع کر دیا تھا۔ آصف جاہ اول کے جانشینوں میں ناصر جنگ، اور صلابت جنگ نے تخت و تاج کے حصول کے لئے جو جنگیں لڑیں اس میں انگریزوں اور فرانسیسیوں کو شامل کر کے ناقابل بیان غلطی کی تھی۔

حالانکہ آصف جاہ اول کے وقت انگریزوں نے سیاسی معاملات میں دخل دینا شروع کر دیا تھا لیکن یہ آصف جاہ اول کا تدبر اور فراست تھی کہ ان کے دور میں انگریز کوئی گل نہ کھلا سکے لیکن آصف جاہ کے فرزندوں ناصر جنگ اور صلابت جنگ نے انگریزوں کی مدد حاصل کی۔ آصف جاہ دوم نظام علی خاں نے انگریزوں کو نہ صرف جنوبی ہند کی اہم سیاسی طاقت بنا دیا بلکہ انگریزوں کے لئے سارے ملک پر قبضہ کرنے کی راہ ہموار کی۔ آصف جاہ دوم سے زیادہ ان کے درباری انگریزوں کے ہم نوا تھے۔ صلابت جنگ اور نظام علی خاں نے نہ صرف وسیع علاقے (بشمول ساحل سمندر اور بندر گاہیں)

انگریزوں کے حوالے کر دیں بلکہ ۱۸۰۰ء میں نظام دوم نے Subsidiary Alliance یا "عہد معاونت" کے ذریعہ حیدر آباد کی آزاد حیثیت بھی ختم کروادی آصف جاہوں نے انگریزوں کو اپنا محافظ تو بنادیا لیکن انگریزوں نے کبھی ان کا ساتھ نہ دیا ملک کی آزادی کے بعد جب آصف سابع نے برطانوی حکومت کی دی ہوئی آزادی کا فائدہ اٹھانا چاہا تو برطانوی حکومت کی دی ہوئی آزادی سے محروم کرنے کے لئے انگریز وائسرائے لارڈ ماونٹ بیٹن نے ہندوستان کا گورنر جنرل بن کر آزادی کی جگہ حیدرآباد کو ہندوستان سے الحاق کے لئے مجبور کیا۔ اور برطانوی حکومت اپنے "یار وفادار" کو یکسر بھول گئی آصف جاہی حکمرانوں کی انگریز پرستی ہی ان کے زوال کا اہم محرک ثابت ہوئی۔

ٹیپو سلطان کا ساتھ نہ دینے کی ناقابل معافی غلطی کے بعد آصفجاہ پنجم افضل الدّولہ نے ۱۸۵۷ء کی جنگ آزادی کے وقت بھی انگریزوں کا ساتھ دیا اس بار سالار جنگ اول انگریزوں کے کام آئے تھے اس طرح کبھی میر عالم، کبھی چندر لال، کبھی سالار جنگ اور آخر میں علی یاور جنگ، زین یار جنگ اور ہوش یار جنگ نے نظام کے دربار میں رہ کر حکومت ہند کے مفادات کی حفاظت کی تھی۔

جنگ عظیم دوم کے دوران آصف سابع نے جو مدد برطانوی سرکار کی کی تھی وہ برطانیہ پر بہت بڑا احسان تھا لیکن انگریزوں نے نہ صرف احسان فراموشی کی بلکہ اپنے ہی بنائے ہوئے قانونِ آزادی ہند کے تحت جب تمام دیسی ریاستیں اپنے مقام پر واپس ہوگئی تھیں تو وہ علاقے جو مختلف معاہدات اور بہانوں سے برطانوی ہند نے ریاستوں سے چھین لئے تھے وہ واپس کرنا چاہئے تھا۔ اس طرح حیدرآباد کو سریکاکولم، راجمندری، ایلورو، مچھلی پٹنم، نظام پٹن، گنٹور، کڑپہ، کرنول، بلاری، اننت پور اور برار کے اضلاع واپس ملنے چاہئے تھے لیکن ایسا نہ کیا جانا صریحاً دھاندلی ہے۔

انگریزوں نے جو کیا سو کیا لیکن اس تعلق سے حضور نظام اور حکومت حیدرآباد نے بھی برطانوی حکومت پر دباؤ نہیں ڈالا۔ کیا تو صرف اتنا کیا کہ ۹/ جولائی ۱۹۴۷ء کو حضور نظام نے حکومت برطانیہ کو تاج برطانیہ کے نمائندے کے ذریعہ اپنے موقف اور دولت مشترکہ میں شرکت کی خواہش کے بارے میں ایک مکتوب روانہ کیا تھا لیکن دہلی سے یہ خط لندن نام نہاد "دفتری غلطی" کے سبب روانہ ہی نہیں کیا گیا۔ حضور نظام نے کئی ماہ تک اس خط کے جواب کا انتظار کیا۔ ہونا تو یہ چاہئے تھا کہ حضور نظام کے نمائندے اور خاص طور پر حضور نظام کے دستوری و قانونی مشیر سر والٹر مانکٹن کو اپنا نمائندہ بنا کر لندن بھجواتے۔ قطب الدین عزیز نے اپنی مشہور کتاب Murder of A State (مرڈر آف اے اسٹیٹ) میں لکھا ہے کہ جب تاج برطانیہ نے حضور نظام کو اپنے "اقتدار اعلیٰ" سے آزاد کر دیا تھا تو پھر نام نہاد "پروٹوکول" کی پابندی ضروری نہ تھی بلکہ پروٹوکول ہی ختم ہو چکا تھا لیکن اگر انگریزوں نے نظام سے وفا نہیں کی تو خود نظام نے بھی "اپنی وفاؤں کا صلہ" مناسب اور موثر انداز میں نہیں مانگا اور یہ ذمہ داری بڑی حد تک حضور کے درباریوں اور خاص طور پر علی یاور جنگ کی تھی جو حضور نظام کے دستوری و قانونی مشیر تھے۔ مگر علی یاور جنگ کو حضور نظام کے مفادات سے کوئی دلچسپی نہ تھی۔

حضور نظام کو لارڈ ماونٹ بیٹن پر بڑا بھروسہ تھا مگر یہ حضور نظام کی خوش فہمی و خوش گمانی تھی جو بے حد مہنگی ثابت ہوئی۔ حضور نظام نے اعلان آزادی تو کر دیا لیکن آزاد رہنے کی کوئی تیاری نہیں کی تھی حتیٰ کہ فوج کے سربراہ حبیب العیدروس تھے۔ جن کی نااہلی اور فوج کی پیشہ ورانہ قابلیت سے محرومی کی خاصی شہرت تھی اس بڑبولے جنرل نے متعدد بار حضور نظام، وزیر اعظم لائق علی اور مجلس قائد سید قاسم رضوی کو یقین دلایا تھا کہ اگر ہندوستان سے جنگ ہو تو حیدرآبادی افواج کم از کم تین ماہ مقابلہ کر سکتی ہیں اور

یہ فرض کر لیا گیا تھا کہ تین ماہ میں تو اقوام متحدہ کی سلامتی کونسل جنگ بندی کروا دے گی۔ علاوہ ازیں عید روس کی وفاداری ان کی صلاحیت کے ساتھ انتہائی مشکوک بتائی جاتی تھی۔ سقوط حیدرآباد کے ضمن میں جس سازش کا ذکر کیا جاتا ہے (جس کی تفصیلات اور اہم کردار ہنوز راز میں ہیں) اس سازش کا عید روس بلاشبہ ایک اہم کردار تھے۔

حیدرآبادی افواج کا عید روس کی زیر کمان رہنا سقوط کی ایک اہم وجہ ہے۔ آزادی کے فوراً بعد کشمیر پر پاکستان کے حملے کی وجہ سے، جونا گڑھ پر ہندوستانی افواج نے قبضہ تو کر لیا تھا لیکن پاکستان کی جانب جوابی کارروائی کا خطرہ برقرار تھا نیز دیگر امور میں بھی ہندوستانی حکومت دباؤ کا شکار تھی یہ ایسا وقت تھا جبکہ حیدرآباد ہندوستانی حکومت کی مشکلات کا فائدہ اٹھا کر "معاہدہ انتظامیہ جاریہ" کی جگہ اسی انداز اور شرائط کے تحت مستقل معاہدہ کر سکتا تھا لیکن تین تا ساڑھے تین ماہ وقت ضائع کر کے جو عارضی معاہدہ ایک سال کے لئے کیا گیا اس مدت میں وفد کے انتخاب اور ایک دوسرے پر عدم اعتماد کے سبب مذاکرات کر کے جو فائدہ اٹھایا جا سکتا تھا وہ اٹھایا نہیں جا سکا۔

معاہدہ انتظامیہ جاریہ کی وجہ سے حیدرآباد کو جو مہلت ملی تھی اس کا بھرپور فائدہ نہیں اٹھایا گیا۔ حکومت ہند اپنی شرائط پر ریاست کا انضمام چاہتی تھی جبکہ حیدرآباد مراعات کا طالب تھا۔ مذاکرات کی کامیابی کی توقع پر خاصہ قیمتی وقت ضائع کیا۔ اسی دوران چند بھیانک غلطیاں بھی ہوئیں۔ کمانڈر عید روس کے علاوہ حیدرآباد کے دہلی میں ایجنٹ جنرل زین یار جنگ جیسی شخصیت تھی جن کو حکومت حیدرآباد، حیدرآبادی عوام اور حضور نظام کے مفادات سے زیادہ دلچسپی نہیں تھی بلکہ ان کی وفاداری ہندوستان سے وابستہ تھی وہ حکومت ہند کو حیدرآباد کی خبریں اور اہم راز فراہم کرتے تھے اور حیدرآباد کی حکومت اور نظام کو الگ الگ گمراہ کن رپورٹس دیا کرتے تھے دہلی میں ان کی برقراری

حیدرآباد کے مفادات کے لحاظ سے شدید نقصان دہ تھی۔ نہ جانے کیوں ان کو برداشت کیا گیا۔

دوسری جانب حیدرآباد میں مقیم ہندوستان کے ایجنٹ جنرل کے ایم منشی نے اپنی قیام گاہ کو حیدرآباد کے خلاف سازشوں اور جاسوسی کا اڈہ بنالیا تھا حضور نظام کے درباری مثلاً ہوش یار جنگ اور مہدی جنگ منشی سے مل کر خفیہ اطلاعات پہونچاتے، حکومت حیدرآباد نے منشی کی سرگرمیوں پر گہری نظر نہیں رکھی۔ مذاکرات کی ناکامی کے بعد اقوام متحدہ سے رجوع ہونے کا فیصلہ اگست ۱۹۴۷ء میں کیا گیا جبکہ مذاکرات جون ۱۹۴۷ سے قبل ٹوٹ چکے تھے اقوام متحدہ سے رجوع ہونے میں تاخیر بہت مہنگی ثابت ہوئی۔ حیدرآباد جنگ ہار چکا تھا۔ حیدرآباد کے وفد نے جنگ بندی پر اصرار نہ کرکے بھاری غلطی کی کیونکہ حیدرآباد کی افواج اس قدر جلد ہتھیار ڈال دیں گی یہ توقع کسی کو نہ تھی۔ سقوط حیدرآباد کا ایک اہم سبب فوجی کمزوری بھی تھا جنگ عظیم دوم کے بعد جب انگریزوں کا ہندوستان کو چھوڑ دینا طئے تھا تو یہ وہ وقت تھا جبکہ حیدرآباد کو اپنی افواج کو طاقتور بنانا چاہئے تھا لیکن ۱۹۴۵ء تا ۱۹۴۷ء کے اہم وقت میں اس جانب توجہ نہیں گئی اس اہم وقت میں سر مرزا اسماعیل جیسا شخص حیدرآباد کا وزیر اعظم تھا جو ہتھیار خریدنے، فوج کو مضبوط بنانے کے ذکر پر کہا کرتے تھے کہ "بھلا حیدرآباد کو کس سے جنگ کرنی ہے!"

قطع نظر اس کے کہ حیدرآباد کو آزاد رہنے کا حق تھا یا نہیں؟ حضور نظام کا یہ فیصلہ کہ وہ ہندوستان میں شریک نہ ہو کر آزاد رہے گا کس حد تک معقول اور مناسب تھا؟ ایک تلخ حقیقت یہ ہے کہ گزشتہ صدی کے پہلے نصف بلکہ ۱۹۲۰ء تا ۱۹۴۷ء کے عرصے میں حیدرآباد حکومت شاہی خاندان اور عوام نے دنیا اور سارے ملک میں ہونے والی تبدیلیوں سے بے خبر یہ مان کر شعور اور بیداری سے رخصت لے لی تھی کہ سلطنت آصفیہ اور

آصف جاہوں کی حکومت کو آنے والے دنوں میں کوئی خطرہ لاحق نہیں ہو سکتا ہے اور آنے والے وقت کے مطابق خود کو ڈھالنے کی کوشش اور فکر تو دور کی بات ایسی باتیں سوچنا بھی بہت کم افراد کو گوارہ تھا۔

سیاسی بصیرت، دوراندیشی سے محرومی، مدبّرانہ قیادت کی کمی، عسکری طاقت بڑھانے پر عدم توجہی اور اپنوں کی غداری اور حکومت ہند کا حیدرآباد کے انضمام کو ہر قیمت پر ممکن بنانا سب مل ملا کر حیدرآباد کے سقوط کے ذمّہ دار تھے۔

٭٭٭

# سقوط حیدرآباد کے اثرات اور تلنگانہ

۱۷ار ستمبر ۱۹۴۸ء کو ملک میں سات سو سالہ اسلامی حکومتوں کی آخری نشانی آصفجاہی سلطنت کا خاتمہ ہوا۔ اس طرح تاریخ کا ایک باب ہمیشہ کے لئے بند ہو گیا۔ تاریخ کے اس عظیم المیہ کو دیکھنے والے بلکہ اس سے دوچار ہونے والے دنیا بھر میں ہزاروں کی تعداد میں آج بھی موجود ہیں۔ سقوط حیدرآباد کے پس منظر، ظاہر ہونے والے اور کھل کر سامنے نہ آنے والے اسباب و عوامل اور دیگر واقعات سے عام طور پر سب ہی واقف و آگاہ ہیں۔ اس لئے اس کے قطع نظر سقوط حیدرآباد کے اثرات اور اس کے نتیجہ میں پیدا ہونے والی تاریخی تبدیلیوں اور ان کے بارے میں "تلنگانہ " کے حوالے سے چند اہم باتوں کا ذکر مناسب ہے۔

تلنگانہ کا آصف جاہی سلطنت سے ہی نہیں بلکہ اس کی پیشہ و تمام سلطنتوں سے گہرا تعلق رہا ہے اور جب قطب شاہی دور میں (زائد از چار سو سال قبل) شہر حیدرآباد وجود میں آیا تو حیدرآباد نہ صرف تلنگانہ بلکہ صوبہ دکن کا صدر مقام بھی رہا ہے کیونکہ آصف جاہی سلطنت کا تلنگانہ کلیدی حصہ رہا ہے۔ اس لئے آصفجاہی سلطنت کے خاتمے کا اثر سب سے زیادہ تلنگانہ پر پڑا بلکہ اگر یہ کہا جائے تو غلط نہ ہو گا کہ علاحدہ تلنگانہ کے قیام کی تحریک کی وجوہات میں سقوط حیدرآباد کے اثرات بھی شامل ہیں۔

سقوط حیدرآباد (جس کو پولیس ایکشن) کہنا ایک عظیم غلطی ہے کیونکہ حیدرآباد کو

فتح کرنے کے لئے ریاست پر ہندوستانی افواج نے بھرپور جملہ پوری فوجی طاقت سے کیا تھا۔ اس میں پولیس کا کوئی دخل نہ تھا۔ حکومت ہند نے اس کو پولیس ایکشن کہہ کر ایک عالم کو دھوکا دیا تھا اور گمراہ کیا تھا) کا سب سے بڑا سیاسی اثر یہی نہیں تھا کہ ہندوستان کے نقشے سے ایک آزاد وخود مختار مملکت غائب ہوگئی۔ حضور نظام عثمان علی خاں مرحوم کی حکومت کے خاتمہ سے ریاست میں اسلامی تہذیب و تمدن ہی نہیں ہندوؤں اور مسلمانوں کی مشترکہ تہذیب جس پر نہ صرف اسلامی تہذیب بلکہ اردو زبان کا رنگ غالب تھا (اسے اردو تہذیب بھی کہا جاسکتا ہے) کا خاتمہ ہوا۔ ریاست کے عوام (مسلمان خاص طور پر اور غیر مسلم عام طور پر) اچانک بااختیار سے بے اختیار یا صاحب اقتدار سے "محروم اقتدار" ہوگئے۔ حیدرآباد کے لئے "کچھ نہ رہا باقی" والی بات صحیح ہوگئی۔ ریاست کی انتظامیہ کو فاتح جنرل جے این چودھری نے معطل یا مفلوج کر کے اعلیٰ عہدوں پر حیدرآبادیوں کی جگہ بیرون ریاست سے عہدیداروں کو بلایا گیا۔ اس عمل نے ہی واضح کر دیا کہ حکومت ہند کی انتظامیہ اور افواج نے حیدرآباد کو مفتوحہ علاقہ سمجھ کر اقدامات کئے۔ حیدرآباد سے مسلمانوں ہی کا نہیں بلکہ حیدرآبادیوں کا اقتدار ختم ہوا تھا۔ کم از کم سقوط کے فوری بعد یہی احساس ہوتا تھا۔ ۱۹۵۶ء کے بعد اس میں مزید اضافہ ہوا۔

حیدرآباد کے سقوط کے بعد ہر شعبہ زندگی سے تعلق رکھنے والے حیدرآباد کے مسلمانوں پر جو بیتی وی ایک دردناک داستان ہے۔ مسلمان شدید مایوسی، ناامیدی، دل شکستگی کا شکار ہوگئے۔ ماحول پر خوف، دہشت اور ہراس طاری تھا۔ لفظ "رضاکار" سب سے بڑی گالی رضاکار ہونا سب سے بڑا ناقابل معافی جرم تھا۔ اس کی وجہ یہ ہے کہ رضا کاروں کے خلاف ہندوستان کے اخبارات اور آل انڈیا ریڈیو نے اتنا زبردست جھوٹا پروپنڈہ کیا تھا کہ "رضاکار" کا تصور ہی بھیانک تھا جیسا کہ بعد میں تسلیم کیا گیا کہ رضا

کاروں کی وردی میں ملبوس ہوکر ریاستی کانگریس کے غنڈہ عناصر اور دہشت گرد کمیونسٹوں نے بھرپور فائدہ اٹھایا اور ریاست میں قتل، لوٹ مار، آتش زنی، تخریب کاری کا بازار گرم کیا گیا اور سارے الزامات رضاکاروں پر لگائے گئے۔ اس کا بدلہ مسلمانوں سے دل کھول کر لیا گیا جس کو چاہا رضاکار کہہ کر گرفتار کرلیا، ملازمت سے الگ کر دیا مال و جائیداد پر غاصبانہ قبضہ کر لیا گیا۔ سقوط کے کئی سال بعد بھی مسلمان عہدیداروں پر رضا کاروں کا ہمدرد اور مددگار ہونے کا الزام لگایا جاتا رہا تھا۔

مسلمانوں کی معیشت کی تباہی سقوط حیدرآباد کا سب سے اہم اور تباہ کن اثر تھا۔ بے شمار اردو داں (مسلمان ہی نہیں غیر مسلم بھی) بے روزگار ہوگئے کیونکہ مسلمانوں کی اکثریت ملازم پیشہ (وہ بھی ملازمت سرکاری) اس لئے ملازمتوں سے محروم ہوکر مسلمانوں میں بیروزگاری عام ہوگئی۔ دیہاتوں اور اضلاع کے قصبات اور تعلقوں میں مسلمان کا ذریعہ روزگار سرکاری ملازمت کے علاوہ معمولی سی کھیتی باڑی یا معمولی تجارت تھا۔ زمینات اور جائیدادوں پر ناجائز اور غاصبانہ قبضوں، گھریلو صنعتوں کے کارخانوں بلکہ ورکشاپس اور دکانوں کی لوٹ مار سے تباہی آتشزنی یا غاصبانہ قبضوں کی وجہ سے بے روزگاری عام ہوگئی۔ حیرت کی بات تو یہ ہے کہ آلوین فیکٹری یعقوب سیٹھ کی گلوکوز بسکٹ پر حکومت نے قبضہ کرکے سرمایہ دار مسلمانوں کو تک بھاری نقصانات پہنچائے گئے۔ پاکستان جانے والے کی جائیدادوں کو اپنے قبضے میں لے کر پاکستان سے آنے والے پناہ گزینوں کو الاٹ کرنے کا کام محکمہ "کسٹوڈین" کرتا تھا جو اصحاب اپنی جائیدادیں مکانات اور دکانات اپنے رشتہ داروں کے حوالے کر گئے تھے ان کی جائیدادیں محکمہ کسٹوڈین نے ضبط کرلیں۔ ظلم کی انتہاء تو یہ تھی کہ موروثی جائیداد کے مالک پانچ بھائیوں میں کوئی ایک پاکستان گیا اور اپنا حصہ بھائیوں کو باقاعدہ قانونی تقاضوں کے مطابق منتقل

کر کے جانے کے باوجود ان کی جائیداد پر کسٹوڈین نے قبضہ کر لیا اس طرح بے شمار مسلمان یہاں رہتے ہوئے بھی اپنی ہی جائیدادوں سے محروم ہو گئے۔ ان سب دھاندلیوں اور مظالم کا نتیجہ یہ تھا کہ مسلمانوں کی معیشت تباہ ہو گئی کئی لوگوں نے جائیدادیں اونے پونے بیچ کر مستقبل کی غربت و افلاس مول لیا۔

مسلمانوں کی معیشت کی تباہی کی ایک وجہ جاگیر داروں اور منصب داروں کی جاگیرات اور منصبوں کا خاتمہ تھا۔ اس کی وجہ سے بقول شاعر واقعی "کیسے کیسے ایسے ویسے ہو گئے"۔ صرف جاگیر داروں اور منصب داروں کی تباہی نہیں ہوئی بلکہ کئی بڑے جاگیر دار کئی خاندانوں کو ملازم رکھتے تھے وہ عام طور پر ملازم کے سارے خاندان کی کفالت کرتے تھے۔ ایسے سارے خاندان بھی بے روزگار و بے سہارا ہو گئے اور جاگیر داروں اور منصب داروں میں ہندو بھی تھے۔ ان کی تعداد کم تھی۔ لیکن حضور نظام کی جانب سے انعامات و مراعات پانے والے ہندو مسلمان سب ہی یکساں متاثر ہوئے یہ سب کچھ جس تیزی سے ہوا وہ قطعی نامناسب بلکہ ظلم تھا۔

روزگار و آمدنی سے محروم طبقے کے بچے ترک تعلیم پر مجبور ہوتے ہیں ان کے بچے اسکول نہیں جا سکتے ہیں اس طرح تعلیمی پسماندگی کا جو سلسلہ شروع ہوا وہ آج بھی کم ہی سہی برقرار ہے۔

مسلمانوں میں تعلیم سے عدم دلچسپی کی ایک وجہ یہ عام خیال تھا کہ جو ملازم تھے ان کو ہی نکال دیا گیا تو نئی ملازمت مسلمانوں کو کہاں سے ملے گی؟ تعلیمی پسماندگی، معاشی بے روزگاری اور معاشی بدحالی کا زیادہ شکار تو مسلمان ہی ہوئے تھے۔ لیکن تلنگانہ میں مسلم آبادی قابل لحاظ تھی۔ اس کا اثر تلنگانہ کی مجموعی صورت حال پر بھی پڑا خاص طور پر مسلمانوں پر جو آج بھی پسماندہ ہیں۔

حضور نظام کی ریاست حیدرآباد (جس کو اس زمانے میں "ممالک محروسہ سرکار عالی" کہا جاتا تھا) اور حیدرآباد دکن اردو کا بہت بڑا مرکز تھا۔ ریاست کے دو چھوٹے شہر اورنگ آباد دکن اور گلبرگہ بھی اردو کے مرکز تھے۔ جامعہ عثمانیہ اپنے اردو ذریعہ تعلیم کی وجہ سے ہی نہیں بلکہ معیار کی وجہ سے بھی برصغیر کی عمدہ جامعات میں سے ایک تھی۔ سقوط حیدرآباد کے بعد سب سے زیادہ نقصان اردو کا ہوا۔ اردو سرکاری زبان نہیں رہی۔ جامعہ عثمانیہ سے ہی نہیں کئی کالجوں اور مدرسوں سے اردو ذریعہ تعلیم ہی نہیں اردو زبان کی تعلیم بھی ختم ہوئی۔ اردو کی سرپرستی کرنے والی حکومتوں، امرا اور ادارے سب ختم ہوگئے۔ اردو زبان یتیم، بے سہارا اور بیکس ہوگئی۔ اردو کی کئی نادر کتابیں عمداً تباہ کردی گئیں اردو کو پہنچنے والے نقصان کا ازالہ ناممکن ہے۔ اس کا اثر اردو پر نہ جانے کب تک رہے؟

مسلمانوں پر مذہبی لحاظ سے بھی متضاد اثرات مرتب ہوئے۔ زیادہ تر لوگ مذہبی ہونے لگے لیکن بعض لوگ مایوس اور غم و غصہ کی وجہ سے مذہب سے دور ہوگئے۔ آصف جاہی دور میں مساجد کا انتظام محکمہ امور مذہبی (عام طور پر) کرتا تھا۔ لیکن محکمہ ہی ختم ہوگیا تو مسلمانوں نے اپنے طور پر مساجد کا انتظام بڑی حد تک سنبھال لیا۔ سقوط کے بعد عورتوں کی بے پردگی میں اضافہ ہوا بعض بڑے گھرانوں کی خواتین نے پردہ ترک کیا تو ان کی دیکھا دیکھی بعض متوسط گھرانوں کی بھی عورتوں میں بھی بے پردگی کو فروغ ہوا۔ ضرورت یا شوق میں خواتین سرکاری اور خانگی دفاتر میں ملازمت کرنے لگیں۔ آصف سابع کے دور میں عورتوں کی ملازمت کا دائرہ زنانہ کالجوں، اسکولوں اور دواخانوں تک عام طر پر محدود تھا مسلمان لڑکیوں میں ملازمت کی خاطر ہی جامعاتی تعلیم کے حصول کا رواج سقوط کے چند سال بعد عام ہوا معاشی مجبوریوں کے علاوہ ایک پہلو لڑکیوں میں

تعلیم کے رجحان کا یہ بھی تھا کہ جوڑے جہیز کے مطالبوں میں شدت سے قبل شادی کے لئے تعلیم یافتہ لڑکیوں کو ترجیح دی جاتی تھی۔

سقوط کے بعد مایوس اور حالات سے دل برداشتہ بلکہ حالات اور مجبوریوں کا شکار لوگوں نے پاکستان کا رخ کرنا شروع کر دیا۔ کئی تعلیمیافتہ اصحاب، اعلیٰ عہدیداروں، ڈاکٹروں، انجینئروں، پروفیسروں اور ادیبوں و دانشوروں نے حیدرآباد سے پاکستان ہجرت کی۔ اس طرح نہ صرف یہ کہ ایک خلاء پیدا ہو گیا بلکہ مسلم معاشرہ اپنے بہترین فرزندوں سے محروم ہو گیا۔ یہ خلاء صرف مسلمانوں میں ہی نہیں تلنگانہ میں پیدا ہوا۔ تلنگانہ کے ہندوؤں میں بھی پاکستان جانے والوں سے پیدا ہونے والے خلاء کو پر کرنے والے لوگ نہیں تھے۔ اس لئے ہندوستان کے دوسرے حصوں سے جو لوگ آئے وہ نہ مسلمانوں کے دوست تھے اور نہ ہی تلنگانہ والوں کے اس طرح جب مسلمان یا تلنگانہ والوں کی نئی نسل ان جگہوں کو سنبھالنے کے قابل ہوئی تو باہر والوں نے اس کو موقع نہ دیا اور تلنگانہ والے محرومی اور استحصال کا شکار ہوتے رہے ہیں۔

سقوط کے بعد آصف جاہی حکمرانوں کی اقتدار سے محرومی کے باوجود ریاست حیدرآباد کے وجود کو اس کی سابقہ سرحدوں کے ساتھ برقرار رکھنا پسند نہ تھا۔ چنانچہ لسانی بنیادوں پر ۱۹۵۶ء میں جب ریاستوں کی تنظیم جدید کی تجاویز سامنے آئیں تو ریاست حیدرآباد کو جوں کا توں برقرار رکھنے کا سوال تو دور رہا تلنگانہ کا حیدرآباد کو صدر مقام بنا کر تلنگانہ کی علاحدہ ریاست کو بھی برداشت نہیں کیا گیا۔ اس کی وجہ تلنگانہ کی تہذیب پر اسلامی تہذیب کا ہی نہیں تلنگانہ کی تلگو پر بھی اردو کا بڑا اثر ہے۔ حیدرآباد شہر اور تلنگانہ "شیروانی بریانی" تہذیب کے مرکز ہیں جو فرقہ پرستی یا نرم ہندوتوا کے پرستار کانگریسیوں کو بھی پسند نہیں ہے اس لئے اب تک علاحدہ تلنگانہ ریاست کے قیام کے مطالبہ کو ٹالا جاتا

رہا اور اب قیام تلنگانہ کا فیصلہ ہو گیا ہے تو شہر حیدرآباد اور تلنگانہ کے تاریخی اور اٹوٹ رشتے و تعلق کو بر قرار نہ رہنے دینے کی باتیں ہو رہی ہیں تا کہ تلنگانہ اپنے تہذیبی مرکز سے دور رہے تلنگانہ اور آندھرا کی تہذیب بھی مختلف ہے۔ سقوط حیدرآباد کے بعد تلنگانہ کے غیر مسلموں کی تہذیب پر بھی (۱۹۵۶ء میں قیام آندھرا پردیش کے بعد) خاصہ اثر پڑا۔ تلنگانہ والے تروپتی بہت کم جاتے تھے ان کا کھانا پینا بھی مختلف تھا۔ حیدرآباد میں ۱۹۵۶ء تک دوسہ واڈلی کا رواج کم تھا۔ تلنگانہ کی تہذیب اور زبان پر سقوط کے بعد جو اثرات پڑے تھے وہ علاحدہ تلنگانہ کے بعد ختم ہوسکتے ہیں اس لئے سقوط حیدرآباد کے اثرات کو باقی رکھنے کے لئے حیدرآباد کو تلنگانہ سے الگ رکھنے کے لئے سازشوں کا بازار گرم ہے اگر ایسا ہوا تو یہ بھی سقوط حیدرآباد کے المیوں کی ایک کڑی ہو گی۔

* * *

# ۱۷ ستمبر - یوم نجات نہیں یوم ماتم

"سقوط حیدرآباد" اسلامیان ہند کی تاریخ کا ایسا ہی المناک باب ہے جیسے کہ بابری مسجد کی شہادت اور گجرات فسادات ۲۰۰۲ء رہے ہیں بلکہ کئی اعتبار سے ملت کیلئے جانی و مالی نقصانات (اور وہ بھی ناقابل قیاس) کے علاوہ مسلمانوں کی حمیت و غیرت پر داغ لگنے کے ساتھ ساتھ ایک ایسا نقصان بھی ہوا جس کا ازالہ ممکن ہی نہیں ہے۔ یہ حقیقت ہے کہ آصف جاہی سلطنت مغلیہ سلطنت کا ہی تسلسل تھی۔ آصف جاہی سلطنت کا خاتمہ دراصل ہندوستان میں مسلم اقتدار کا مکمل خاتمہ ہے۔ اس طرح صدیوں پر محیط مسلم اقتدار کی شاندار داستان کا خاتمہ ہوا۔

حضور نظام کی آصف جاہی سلطنت حیدرآباد کے اعلانِ آزادی سے قبل اور اعلان آزادی سے سقوط اور سقوط کے بعد ریاست حیدرآباد اور حیدرآباد پر جو کچھ گزری تھی وہ ایک درد بھری داستان ہے۔ سچ تو یہ ہے کہ سقوط حیدرآباد کا عظیم المیہ ریاست حیدرآباد میں شامل رہے۔ علاقوں کے باشندوں کیلئے (خواہ وہ اس دور کا حصہ رہے ہوں یا نہ رہے ہوں) دراصل یوم غم و ماتم ہے۔ یوم سیاہ ہے لیکن بعض علاقوں میں ۱۷ر ستمبر (جس دن حضور نظام نے ہندوستانی افواج کے آگے ہتھیار ڈالنے کا اعلان کیا تھا) کو "یوم نجات یا یوم فتح" کے نام سے موسوم کر کے خوشیاں مناتے ہیں جو کہ ایک طرف بے حسی کی انتہاء ہے تو دوسری طرف یہ کھلی فرقہ پرستی ہے کیونکہ "نجات" کا دن ان کے لئے محض اس وجہ

سے ہے کہ آصف سابع حضور نظام مسلمان تھے لیکن نجات منانے والے یہ بھول جاتے ہیں کہ حضور نظام کی رعایا کی غالب اکثریت گو کہ غیر مسلم تھی تاہم حکومت نظام حکومت ہند کے مطالبے پر ریاست میں استصواب عامہ کیلئے تیار ہوگئی تھی۔ اپنی رعایا پر حکومت حیدرآباد کا یہ اعتماد دیکھ کر ہی حکومت ہند استصواب عامہ کے مطالبے سے دستبردار ہوگئی تھی۔ اس لئے انتہاء پسند فرقہ پرستوں کا حضور نظام کی حکومت کے خاتمے پر اظہار مسرت اور اسے نجات سمجھنا قابل فہم ہے یہ تو سنگھ پریوار اور اس کے زیر اثر رہنے والے کانگریسیوں کا چھوڑا ہوا شوشہ ہے۔ نظام کے خلاف ریاست میں کوئی عوامی تحریک نہ تھی اس وقت ریاست میں جو گروپ اسٹیٹ کانگریس کے نام سے کام کر رہا تھا اس کا انڈین نیشنل کانگریس سے الحاق ختم کر دیا گیا تھا۔ ممتاز قائد و شخصیت مسز سروجنی نائیڈو کا اسٹیٹ کانگریس سے کوئی تعلق نہ تھا اس نے کوئی باقاعدہ تنظیم تحریک نہیں چلائی اس کی زیادہ سرگرمیاں رضاکاروں اور کمیونسٹوں کے بھیس میں لوٹ مار، تخریب کاری اور دہشت گردی تک محدود رہیں۔ دوسری طرف نظام کوئی غیر ملکی نہیں تھے جن سے آزادی یا نجات حاصل کی جاتی۔

درحقیقت ۱۷؍ستمبر کو نظام کی افواج نے ہتھیار نہیں ڈالے تھے بلکہ یہ رسم تو ۱۸؍ستمبر کو ادا ہوئی تھی۔ اس لئے ۱۷؍ستمبر کسی اعتبار سے نہ یوم نجات ہے اور نہ ہی یوم آزادی ہتھیار ڈالنے کے بعد بھی ۲۶ جنوری ۱۹۵۰ء نظام رسمی بادشاہ رہے۔

۲۴ نومبر ۱۹۴۹ء کو نظام نے فرمان کے ذریعہ دستور ساز اسمبلی ہند کے تیار کردہ دستور کو منظور کیا اور یہ دستور جب ۲۶ جنوری ۱۹۵۰ء کو نافذ ہوا تو حیدرآباد کی ریاست انڈین یونین میں شامل ہوئی۔ اسی لئے سپریم کورٹ نے ۲۶؍جنوری ۱۹۵۰ء سے قبل حیدرآباد کی ریاست کی عدالت العالیہ کے فیصلوں کے خلاف اپیلیں سماعت کیلئے قبول

نہیں کی تھیں کیونکہ ۲۶ر جنوری ۱۹۵۰ء سے قبل ریاست حیدرآباد انڈین یونین کا حصہ نہ تھی۔ اس لئے ریاست سپریم کورٹ آف انڈیا کے دائرہ اختیار سے خارج تھی۔ اس لئے ۱۷ ستمبر کو یوم آزادی یا یوم نجات منانا ہر لحاظ سے غلط ہے۔ اس سلسلے میں یہ ذکر بھی ضروری ہے کہ مجلس اتحادالمسلمین کے قائد مرحوم سید محمد قاسم رضوی (جن کے خلاف محض ان کی توہین اور تحقیر کیلئے ڈکیتی کا جھوٹا مقدمہ قائم کیا گیا تھا جس میں ان کو سات سال کی سزا ہوئی تھی) کی اپیل بھی فیڈرل کورٹ آف انڈیا نے ریاست حیدرآباد کے انڈین یونین کا حصہ نہ ہونے کی وجہ سے سماعت کیلئے قبول نہیں کی تھی۔ حضور نظام کا سکہ عثمانیہ (حالی) کو حیدرآباد کی ٹکسال ۱۹۵۲ء تک ڈھالتی رہی تھی جو نظام کی حکمرانی ۱۷ر ستمبر کے بعد بھی برقرار رہنے کا ثبوت ہے۔

حضور نظام کے خلاف کوئی عوامی جدوجہد نہیں ہوئی۔ انڈین یونین میں شرکت حکومت ہند کی فوجی کارروائی کا نتیجہ تھی۔ اس میں عوام کا کوئی دخل نہ تھا اور یہ اس وقت کی حکومت کی دھوکا دہی اور فریب تھا کہ ایک بھرپور فوجی کارروائی کو جس میں بمبار طیارے، بھاری ٹینکس و توپ خانہ اور ہزاروں فوجی استعمال ہوئے پولیس کارروائی یا پولیس ایکشن کہہ کر ساری دنیا کو دھوکا دیا گیا۔

نظام کی حکومت کے خاتمے پر یوم نجات منانے والے حیدرآبادیوں (بلالحاظ مذہب وملت) کی ان مشکلات و مصائب کا ذکر کیوں نہیں کرتے ہیں جو حکومت ہند کی عائد کردہ معاشی ناکہ بندی کی وجہ سے حیدرآبادیوں کو مہینوں تک جھیلنی پڑی تھیں۔ برطانوی دورِ حکومت میں برطانوی ہند اور حیدرآباد کے مابین درآمد و برآمد پر کوئی پابندی نہ تھی۔ حکومت حیدرآباد اور حکومت ہند کے درمیان جو معاہدہ انتظام جاریہ ہوا تھا اس میں بھی سابقہ انتظامات کو برقرار رکھنے کا اقرار تھا لیکن حکومت ہند نے اسے نظر انداز کردیا اور

حیدرآباد کی انتہائی سخت معاشی ناکہ بندی کردی گئی۔ حیدرآباد میں پٹرول، ڈیزل، دوائیں پانی صاف کرنے کے لئے کلورین اور بچوں کی غذائیں وغیرہ جو باہر یعنی بیرون حیدرآباد خاص طور پر ممبئی سے آتی تھیں۔ کلورین نہ ملنے کی وجہ سے پینے کا پانی صاف نہیں ہو سکتا تھا جس کی وجہ سے ہیضہ کی وبا پھیل گئی اور اس کو روکنے اور علاج کیلئے دواؤں کی عدم موجودگی سے بڑی تباہی پھیلی۔

معاشی ناکہ بندی سے حیدرآباد کے مسلمان ہی نہیں بلکہ (۸۵ فیصد) غیر مسلم آبادی بھی متاثر ہوئی تھی۔ حیدرآباد پر جس قسم کی پابندیاں عائد کی گئیں تھیں وہ حقوق انسانی کی علانیہ خلاف ورزی ہے۔ اس لئے اگر ۱۷ستمبر کو یوم نجات کی جگہ حکومت ہند سے معذرت خواہی کا مطالبہ کرنا چاہئے۔ اگر زمانہ جنگ میں ایسا معاشی مقاطعہ کیا جاتا ہے تو اس کا کوئی جواز بھی ہوتا۔ حیدرآباد پر دباؤ ڈالنے جو ناکہ بندی حکومت ہند نے کی تھی وہ قطعی ناجائز اور غیر انسانی تھی۔ حیدرآباد کی طویل سرحدوں پر ہر جانب سے کانگریسی، آر ایس ایس اور آریہ سماج والے دراندازی کرتے اور تخریبی کارروائیاں (آج کل کی اصطلاح میں دہشت گردی) کرتے۔

لائق علی نے اپنی کتاب "ٹریجڈی آف حیدرآباد" Tragedy of Hyderabad میں (صفحہ ۳۸) پر لکھا ہے کہ:

"حیدرآباد اسٹیٹ کانگریس کی ایکشن کمیٹی نے ۲۸نومبر ۱۹۴۸ء کو شائع ہوئی۔ رپورٹ میں دعویٰ کیا تھا کہ اس نے ۱۷۵ پولیس آوٹ پوسٹس تباہ کیں۔ ۱۳۰ مقامات پر ریلوے کی پٹریاں کاٹ دیں اور ۶۱۵ کسٹمس اور پولیس چوکیوں کو تباہ کیا تھا (ٹائمز آف انڈیا ۲۹ رنومبر ۱۹۴۸ء) اس دہشت گردی کی مزید تفصیل کیپٹن لنگالہ پانڈورنگاریڈی نے بھی سقوط حیدرآباد پر اپنے کتابچہ میں لکھا ہے کہ پولیس رضاکاروں کے لباس میں

ریاست کی سرحدوں کو پار کر کے اندرونی علاقہ میں (۱۵) میل تک گھس کر دہشت اور ہر اس پھیلاتے مظالم کرتے حد تو یہ ہے کہ کانگریسیوں نے "عمری بینک "لوٹ کر لاکھوں روپے ہڑپ کر لئے تھے اور اس کو اخبارات اور آل انڈیا ریڈیو رضاکاروں کی کارروائی بتاتے ۔ ان جعلی رضاکاروں کو بھارتی فوج کی بھی مدد حاصل ہوتی۔ اس کارروائی کو آپریشن کیڈی کا نام دیا جاتا تھا۔ حکومت ہند کی راست یا اس کی نگرانی میں بالراست کی جانے والی تخریب کاری اور سرحدوں پر شورش برپا کرنے کی کارروائیاں کا احوال کانگریسی قائد رام چندر راؤ نے بیان کیا تھا۔ یہ بیان حیدرآباد کے روزنامہ "میزان" میں ۱۴ اکتوبر ۱۹۴۸ء کو شائع ہوا تھا

(حیدرآباد کا عروج وزوال۔ بدر شکیب)۔

اسی طرح حکومت ہند کے آل انڈیا ریڈیو اور تمام بڑے چھوٹے اخبارات کے ذریعہ حضور نظام اور ان کی حکومت وزیر اعظم لائق علی، رضاکاروں اور سید محمد قاسم رضوی کو بدنام کرنے اور عوام کو اشتعال دلانے اور تعصب پھیلانے کے لئے جو جھوٹا بے بنیاد اور من گھڑت پروپگڈہ کیا گیا تھا۔ ہندووں پر مظالم کی جھوٹی داستانوں کے پروپیگنڈے کا اثر تھا کہ غیر مقامی اور مقامی لوگوں نے مسلمانوں پر اتنے شدید مظالم کئے اس بے بنیاد پروپیگنڈے کی ذمہ داری بڑی حد تک حکومت ہند پر ہی ہے جس کیلئے اسے معافی مانگنی چاہئے تھی۔

ریاست حیدرآباد میں ۱۷ستمبر یا بھارتی افواج کے قبضے کے بعد ریاست کے ۱۶اضلاع میں سے ۳یا۴ چھوڑ کر ہر طرف قتل عام، غارت گری، آتش زنی، لوٹ مار اور عورتوں کی عصمت دری کا دور دورہ تھا۔ لاشوں سے باولیاں بھری ہوئی تھیں۔ ہلاک ہونے والوں کی تعداد گو کہ پنڈت سندر لال کمیٹی کی رپورٹ میں پچاس ہزار بتائی گئی ہے

لیکن دیگر محتاط اندازوں کے مطابق ہلاک شدگان کی تعداد کم از کم دو لاکھ تھی

عمر خالدی مرحوم کی کتاب "حیدرآباد آفٹر دی فال (ص ر ۲۰) Hyderabad After The Fall

پنڈت سندر لال کی رپورٹ میں بتایا گیا تھا کہ قتل و غارت گری کے جرائم میں مقامی افراد سے زیادہ بیرون ریاست کی ہندو فرقہ پرست جماعتوں کے کارکنوں کی بھاری تعداد شامل تھی۔ قتل و غارت گری اور لوٹ مار اور دیگر جرائم میں فوجی اور پولیس والے بھی شامل تھے۔ جہاں وہ شریک نہ ہوئے وہاں لوگوں کو لوٹ مار آتش زنی قتل و غارت گری کی ترغیب دیتے تھے۔ باقاعدہ ان کو اکساکر ان کی فوجی حوصلہ افزائی کرتے۔ اگر کسی مسلمان یا رضاکار نے ایک قتل یا کوئی ظلم کیا تھا تو اس کے بدلے میں ایک سو ہلاک یا ۱۰۰ افراد پر وہی ظلم کیا گیا۔ ان المناک واقعات میں کانگریسیوں کا کردار انتہائی ناروا، تعصب و فرقہ پرستی سے بھرپور تھا۔ سیکڑوں مسلم عہدیداروں کو انتظامیہ نے بلاوجہ تنزلی، معطلی برطرفی اور گرفتاری سے دوچار کیا۔ سندر لال کمیٹی کی سفارشات پر کبھی عمل نہیں کیا بلکہ سردار پٹیل نے اس کو عمداً سرد خانے میں ڈال دیا تھا۔ یہ کوتاہی بھی معذرت خواہی کی طالب ہے۔

بیرسٹر اے.جی نورانی کی کتاب (ص ۳۶۱) The Destructionof Hyderabad

سقوط حیدرآباد کی خبر یوپی کی گورنر سروجنی نائیڈو کو جب ایک خوش گوار تقریب موسیقی میں سنائی گئی تو سروجنی نائیڈو خوش ہونے کے بجائے زار قطار رونے لگیں رونے کی وجہ پوچھنے پر انہوں نے یہ بتائی کہ "میں اس لئے رو رہی ہوں کہ میرے بادشاہ کو یہ دن دیکھنا پڑا" راوی پروفیسر آل احمد سرور (ہماری زبان) علی گڑھ ۱۲ر مارچ ۱۹۶۷ء

ص/۱۶۹۔ "سقوط حیدرآباد مرتبہ ڈاکٹر عمر خالدی و ڈاکٹر معین الدین عقیل۔ اس طرح سروجنی نائیڈو نے ۱۷/ ستمبر دن کو "یوم ماتم" ثابت کیا تو بھلا ہند تو وادیوں کا ۱۷/ ستمبر کو "یوم نجات" کہنے کا کیا جواز ہے؟

***

# تحریک علاحدہ تلنگانہ اور مسلمانوں کا مستقبل

گو کہ اب علاحدہ ریاست تلنگانہ کے قیام میں بظاہر کوئی رکاوٹ نہیں ہے تاہم سرمایہ داروں کی حامی منموہن سنگھ حکومت سے یہ بعید از امکان بھی نہیں ہے کہ آندھرا کے بڑے سرمایہ داروں کی خاطر تلنگانہ کی علاحدگی کا فیصلہ واپس لے لیا جائے یہاں ریاست کی " تقسیم "کا لفظ ہم نے یوں استعمال نہیں کیا ہے کہ " تقسیم "کی اصطلاح از خود غلط و گمراہ کن جو خطہ یا علاقہ شروع سے ایک ہو اس کو علاحدہ حصوں میں تقسیم کیا جا سکتا ہے جیسے بہار کو تقسیم کرنے سے جھار کھنڈ وجود میں آیا جبکہ ۱۹۵۳ءمیں قائم ہونے والی ریاست آندھرا کو علاقہ تلنگانہ سے ملا کر آندھرا پردیش کا وجود عمل میں آیا تھا۔ اس لئے تلنگانہ کی علاحدگی کو تقسیم کہنا غلط ہے۔ اس طرح علاحدہ تلنگانہ کا جواز مضبوط ہوتا ہے کیونکہ یہ کسی ریاست کی تقسیم کا نہیں بلکہ ایک علاقہ کی علاحدگی کا سوال ہے اس لئے تلنگانہ کی علاحدگی پر ساحلی اضلاع (آندھرا) اور رائل سیما کی مرضی کی کوئی اہمیت نہیں ہے۔ اگر لنگانہ قائم ہوتا ہے تو یہاں مسلمانوں کے مستقبل کا سوال بھی اہم ہے۔

تاریخی اعتبار سے بھی تلنگانہ اپنے صدر مقام حیدرآباد کے ساتھ ہمیشہ علاحدہ حیثیت کا حامل رہا ہے ہاں یہ اور بات ہے کہ دوسرے علاقے مختلف اوقات میں تلنگانہ کے ساتھ شامل رہے ہیں۔ " نظام " کہلانے والے حکمرانوں کی آصفجاہی مملکت آزادی کے وقت قائم تھی تلنگانہ اس کا اہم اور کلیدی حصہ تھا۔ مرہٹی بولنے والے (۵) اضلاع

کنڑی بولنے والے (۳) اضلاع کے ساتھ تلنگانہ کے (۹) اضلاع پر ریاست حیدرآباد قائم تھی۔ آزادی سے قبل حیدرآباد مسلمانوں کی سیاسی قوت، اسلامی تہذیب اور اردو کا سب سے اہم مرکز سقوط حیدرآباد کے بعد آصفجاہی سلطنت کا تو خاتمہ ہو گیا لیکن بھارت کا حصہ ہونے کے باوجود ریاست کی تہذیب و تمدن پر اسلامی تہذیب کی چھاپ، ریاست کی (۲۲ یا ۲۳) فیصد مسلم آبادی، سرکاری ملازمتوں میں (۶۱) فیصد باوجود مرحوم حضور نظام عثمان علی خاں کی حکومت کے خاتمے کے بعد بھی کئی اعلیٰ وکلیدی عہدوں پر مسلمان براجمان تھے۔ حیدرآباد اپنی "شیروانی بریانی تہذیب" کی وجہ سے "مہاسبھائی" (آج اسے "بھاجپائی یا ہندوتوا" ذہنیت کہا جاتا ہے۔ اس دور میں ہندومہاسبھا مثل سنگھ پریوار تھی) ذہنیت کے کانگریس قائدین کے لئے حیدرآباد کی ریاست ناقابل برداشت تھی۔ ۱۹۵۳ء میں جب پوٹی سری راملو کی مرن برت کی وجہ سے موت واقع ہوئی تو تب کی ریاست مدراس (موجودہ ٹاملناڈو) کی تلگو بولنے والوں کے علاقوں پر مشتمل ریاست "آندھرا" کا قیام عمل میں آیا۔ اس کے بعد ریاستوں کی لسانی بنیادوں پر تنظیم جدید کے لئے "فضل علی کمیشن" قائم کیا گیا۔ اس کمیشن کی سفارشات میں (یہ بھی شامل تھا کہ نہ صرف علاحدہ تلنگانہ کے قیام بلکہ ریاست حیدرآباد کو سہ لسانی اور ممبئی (موجودہ مہاراشٹرا) کو دولسانی ریاستوں کی حیثیت سے برقرار رکھا جائے۔ بمبئی و گجرات کو ملا کر دو لسانی ریاست بنائی بھی گئی تھی (بعد میں گجرات کو ممبئی سے الگ کر دیا گیا) حیدرآباد کی ریاست کی برقراری تو دور کی بات تھی تلنگانہ کو علاحدہ ریاست کی حیثیت سے بھی برقرار رکھنے کی مخالفت کی گئی۔ اس کی اہم وجہ یہ تھی تلنگانہ کا شہر حیدرآبادی مسلمانوں کا عظیم مرکز تھا۔ اضلاع میں مسلمانوں، اردو اور اسلامی تہذیب کا خاصہ زور تھا۔ تلنگانہ کے عوام کی مرضی کے خلاف علاقہ تلنگانہ کو مدراس سے الگ کر کے بنائی گئی ریاست آندھرا کے

ساتھ ملا کر آندھرا پردیش کا قیام عمل میں آیا۔ تلنگانہ کے نہ صرف کانگریسی بلکہ کمیونسٹ (راشٹرا کی) قائدین کے تعصب، مسلم دشمنی "شیروانی بریانی تہذیب" کو ختم کرنے کی خواہش کے علاوہ تلگو بولنے والوں کی وسیع اور متحدہ ریاست کے قیام کا جذبہ بھی کام کر رہا تھا اور شہر حیدرآباد اور تلنگانہ کے وسائل کو لوٹنے کے لئے آندھرا کے سرمایہ داروں کی دولت یا رشوت نے بھی بڑا کام دکھایا تھا۔ یکم نومبر ۱۹۵۶ء کو آندھرا پردیش کا قیام عمل میں آیا۔ علاقہ تلنگانہ کے عوام کی تسلی کے لئے صرف اتنا تھا کہ دس پندرہ سال بعد ان کے پاس علاحدہ ہونے کا اختیار بہر حال تھا۔ اور دل کو بہلانے کے لئے شریفانہ معاہدہ کے تیقنات تھے لیکن یہ سب محض فریب بلکہ سراب تھا۔ آندھرا پردیش کے قیام کے بعد ہی آندھرائی علاقہ کے حاکموں اور سرمایہ داروں نے وہ لوٹ مار مچائی کہ اس کی تفصیل میں جانا غیر ضروری ہے۔ سرکاری ملازمتوں، عہدوں پر ترقی صرف آندھرا والوں کا حق قرار پایا۔ صنعت و تجارت کی مراعات سے تلنگانہ والے دور رکھے گئے۔ شہر حیدرآباد، حیدرآباد کے اطراف و اکناف کی اراضیات پر غاصبانہ قبضے ہوئے یا ان کو کوڑیوں کے مول خرید لیا گیا۔ زندگی کے ہر شعبہ میں تلنگانہ والوں کو عمداً پسماندہ بنا دیا گیا۔

یہ بھی حقیقت ہے کہ آندھرا پردیش میں تلنگانہ کے مسلمان سب سے زیادہ نقصان میں رہے۔ اگر آندھرائی حکمران ظلم و استحصال سے کام نہ لیتے تو اور مسلمانوں سے خاص طور پر ایسا سلوک نہ کیا جاتا جن سے ان کی ملی شناخت، صلاحیت، مجموعی ترقی پر اثر پڑا تو تلنگانہ کا مسلمان بری طرح پس ماندگی کا شکار نہ ہوتا۔ ہوا یہ ہے کہ جو سلوک تلنگانہ کے عوام کے ساتھ ہوا اس سے بہت زیادہ خراب تلنگانہ کے مسلمانوں سے ہوا۔ ۱۹۵۶ء میں سرکاری ملازمتوں میں مسلمانوں کا فیصد ۴۲ سے زیادہ تھا۔ تلنگانہ کے بہت سارے مسلمان مہاراشٹرا اور کرناٹک منتقل ہو گئے۔ مسلم آبادی کا فیصد تلنگانہ میں گھٹ

گیا۔ سرکاری ملازمتوں میں فیصد صرف (۲ تا ۳) رہ گیا۔ اردو زبان والے تلگو کے فروغ کے حوالے سے حاشیے پر لگادئے گئے۔ یوں تو اردو کا خاتمہ جامعہ عثمانیہ سے سقوط حیدرآباد (۱۹۴۸) کے بعد ہی شروع ہوگیا تھا لیکن آندھراپردیش میں جامعہ عثمانیہ سے اردو کا خاتمہ حتمی طور پر ہوگیا (جس جامعہ اور اردو کو مولانا آزاد نے بہ حیثیت وزیر تعلیم حکومت ہند بچانے کی کوشش نہ کی اس کو بھلا اور کون بچاتا؟) سرکاری دفاتر اور عدالتوں میں بھی ۱۹۵۶ء تک اردو کا خاصہ چلن تھا لیکن آندھرائی حکمرانوں نے سب ختم کردیا۔ مسلم اوقات کی قیمتی اراضیات پر حکومت نے لوگوں کو غاصبانہ قبضے دلادیئے۔ خانگی اراضیات بھی سرکاری دھاندلیوں سے محفوظ نہ رہیں۔ آج ان اراضیات کی مالبیت کروڑوں میں ہے۔ "لینڈ سیلنگ" کے نام پر مسلمانوں کو خاص طور پر نشانہ بنایا گیا۔ نہ صرف حیدرآباد بلکہ تلنگانہ کے دوسرے شہروں میں اردو، اردو یا مسلم تہذیب کو منصوبہ بند طریقوں سے ختم کیا گیا۔ مجھے ان مسلمان قائدین پر حیرت ہوتی ہے جو یہ جانتے ہوئے بھی متحدہ آندھراپردیش کی تائید کرتے ہیں کہ آندھراپردیش میں مسلمانوں کے ساتھ سب سے زیادہ ناانصافی اور حق تلفی ہوئی۔ تعلیم، تجارت، روزگار معاشی وسیاسی اور سماجی میدانوں میں پسماندگی کا شکار بنایا گیا یوں اردو اضلاع تلنگانہ اور دیگر اضلاع میں دوسری سرکاری زبان ہے لیکن اس کا کوئی فائدہ اردو کو نہیں ہوا۔ ملازمتوں اور تعلیمی اداروں میں ۴ فیصد ریزرویشن کا قانونی موقف تا حال اور عدالت عظمیٰ (سپریم کورٹ) کے فیصلے پر منحصر ہے۔ تلنگانہ کا مسلمان متحدہ آندھراپردیش کو آزما چکا ہے اور ہر لحاظ سے مایوس ہوا۔

آندھرا کے علاقوں میں تلنگانہ کی مخالفت کا کوئی جواز نہیں ہے۔ علاحدگی کی تائید اور مخالفت کا حق صرف تلنگانہ کے عوام کو ہے۔ تلنگانہ کے عوام کا علاحدگی کے مطالبہ کی آندھرا والوں کی مخالفت کا مطلب یہ ہے کہ وہ ظلم و جبر دھاندلیوں اور لوٹ مار کے

مواقع کھونا نہیں چاہتے ہیں۔ آندھرا کے سرمایہ داروں کا دباؤ ۱۹۵۶ء سے پہلے سے کام کر رہا ہے۔ ۱۹۶۹ء کی تلنگانہ تحریک کو آندھرائی سرمایہ داروں کی خاطر منصوبہ بند سازش کے ذریعہ اندرا گاندھی نے ناکام بنایا تھا جبکہ ایک ایسی تحریک (جس کو آزادی کے بعد ملک کی سب سے طاقتور تحریک مانا جاتا ہے) اندرا گاندھی نے چنا ریڈی کو تحریک میں داخل کیا جنہوں نے قیادت ہاتھ میں لے کر تلنگانہ عوام سے غداری کر کے تحریک کو سبوتاج کیا اور بدلے میں اترپردیش کی گورنری حاصل کی کیونکہ (الیکشن کمیشن نے ان کو انتخابی دھاندلیوں کی وجہ سے نااہل قرار دے کر سیاسی بیروزگار بنا دیا تھا)

علاحدہ تلنگانہ تحریک کا المیہ یہی رہا ہے کہ اس کی قیادت کمزور اور مفاد پرست رہی ہے۔ بہر حال مجوزہ ریاست کی آبادی ۳ء۵ کروڑ ہے۔ مسلمانوں کی آبادی (تقریباً ۱۳) فیصد ہوگی۔ لوک سبھا کے (۱۷) اور اسمبلی کے (۱۱۹) ارکان ہوں گے۔ شہر حیدرآباد کی مسلم آبادی ۴۱ فیصد سے زیادہ ہے۔ سارے تلنگانہ میں اردو کا خاصہ چلن ہے۔ حیدرآباد کو اگر تلنگانہ سے الگ کر دیا گیا تو تلنگانہ بغیر روح کے جسم کی طرح رہ جائے گا۔ حیدرآباد کو مرکزی زیر انتظام علاقہ بنانا تلنگانہ سے ناانصافی ہی نہیں بلکہ صریح دشمنی ہے۔ تلنگانہ کو دونوں ریاستوں کا مشترکہ صدر مقام مستقلاً بنانا بھی تلنگانہ کے مفاد میں نہیں ہے۔ گزشتہ چند سال کے دوران تلنگانہ تحریک کے خلاف انتظامیہ نے جس سختی کا مظاہرہ کیا تھا وہ سختی سیما آندھرا کے احتجاجیوں کے خلاف مفقود ہے۔ وزیر اعلیٰ کرن کمار ریڈی اور دیگر وزرأ کی سیما آندھرا احتجاجیوں کو درپردہ حمایت حاصل ہے تو دوسری طرف اس تحریک کے روحِ رواں آندھرائی سرمایہ دار ہیں جو احتجاج کو منظم کرنے کے لئے پیسہ پانی کی طرح بہا رہے ہیں اور تلگو ذرائع ابلاغ احتجاج کو شدید بتا رہے ہیں اور انتہائی مبالغے سے کام لے رہے ہیں۔ مفاد پرستی پر مبنی یہ تحریک درحقیقت عوامی نہیں ہے۔

تلنگانہ میں مسلمانوں کا موقف یا مستقبل کیا ہو گا؟

یہ سوال اہم ہے لیکن قابل غور بات یہ ہے کہ ملک بھر میں مسلمانوں کے مستقبل سے تلنگانہ کے عوام کا مستقبل علاحدہ نہ ہو گا تاہم بعض وجوہات کے سبب یہ قدرے مختلف اسی طرح ہو سکتا ہے جس طرح کے کیرالا کے مسلمانوں کا ہے۔ کیونکہ چھوٹی ریاستوں میں اگر مسلم آبادی قابل لحاظ ہو تو وہ ایک سیاسی قوت بن سکتے ہیں۔ تلنگانہ کی ۱۱۹ ارکان پر مشتمل ریاستی اسمبلی میں ریاست کی مسلم آبادی مختلف اندازوں اور ۲۰۰۱ء کی مردم شماری کے مطابق ۱۳ تا ۱۸ فیصد ہے کئی حلقوں (خاص طور پر حیدرآباد میں) کئی حلقوں میں مسلمانوں کو اکثریت حاصل ہے تو ۱۰ تا ۱۵ حلقوں میں مسلم ووٹ کو فیصلہ کن حیثیت حاصل ہے اس طرح یہ طئے ہے کہ مسلمان اگر سیاسی تدبر اور خاص طور پر اتحاد سے کام لے کر اپنے ووٹ تقسیم نہ ہونے دیں تو ۱۱۹ ارکان کی اسمبلی میں ان کو بادشاہ گر کا موقف حاصل ہو سکتا ہے اور مجلس اتحادالمسلمین تلنگانہ میں وہی موقف حاصل کر سکتی ہے جو کیرالا میں مسلم لیگ کو حاصل ہے۔

دوسری طرف مجلس اتحادالمسلمین علاحدہ تلنگانہ کی مخالفت بھی کرتی رہی ہے۔ اس کا خیال ہے کہ علاحدہ تلنگانہ میں بی جے پی کا غلبہ ہو گا۔ پہلی بات تو یہ ہے کہ این ڈی اے دورِ حکومت میں سارے ملک میں بی جے پی کا غلبہ تھا تو ہم نے کیا کر لیا تھا؟ ایک چھوٹی ریاست میں جہاں مسلمانوں کو فیصلہ کن موقف حاصل ہے وہاں کسی کو اپنی مسلم دشمنی دکھانا آسان نہ ہو گا نیز اصل بات تو یہ ہے کہ تلنگانہ کے کانگریسی قائدین "ہندوتوا" پر عمل کر سکتے ہیں۔ مسلمانوں سے تعصب برت سکتے ہیں۔ اس خدشہ کو نظر انداز نہیں کیا جا سکتا ہے۔ تاہم اس تناظر میں یہ بات اہم ہے کہ اگر مسلمان اپنی سیاسی قوت کو مجتمع اور متحد کر لیں تو کانگریس ہو یا کوئی اور جماعت ہو اس کو مسلمانوں سے بنا کر رکھنا ہو گا اور یہ

موقف فی الحال مجلس یا ایم آئی ہی حاصل کر سکتی ہے۔ بی جے پی سے زیادہ فائدہ ایم آئی ایم کو ہو سکتا ہے۔ آندھرائی حکمرانوں نے بہر حال مسلمانوں سے ایسا کوئی اچھا سلوک بھی نہیں کیا ہے کہ مسلمان متحدہ ریاست کا راگ الاپیں!

مسلمانوں کا ایک اور مسئلہ تلنگانہ میں انتہائی قیمتی اوقاتی جائیدادوں کا تحفظ اور بازیابی ہے۔ آندھرا کے کانگریسی قائدین نے اپنے دورِ اقتدار میں جن اوقای جائیدادوں کو ہڑپ کیا ہے کیا ان کی بازیابی آسان نہ ہوگی۔ شہر حیدرآباد میں ہی نہیں بلکہ تلنگانہ کے اضلاع میں مسلم اوقاتی جائیدادوں سے مسلمانوں کو محروم کر دیا گیا ہے۔ ان دھاندلیوں کا ازالہ مسلمانوں کے لئے بے حد اہم ہے۔ علاحدہ تلنگانہ میں کیا یہ ممکن ہوگا؟ یہ سوال بہت اہم ہے کیونکہ اوقافی جائیدادوں کی بازیابی آسان یوں نہیں ہے کہ ان جائیدادوں پر آندھرائی ہی نہیں بلکہ باہر کے سرمایہ داروں نے کروڑوں روپیوں کی سرماہ کاری کر رکھی ہے۔ ان کی بازیابی کی کوشش کے لئے مسلم وقف بورڈ نے قانونی چارہ جوئی کی تو خود حکومت آندھرا پردیش سرمایہ داروں کے ساتھ فریق بنی ہوئی ہے۔ فی الحال یہ مقدمہ عدالت عظمیٰ میں زیر دوران ہے۔

علاحدہ تلنگانہ میں متحدہ آندھرا پردیش کے مقابلے میں اردو اور اردو تہذیب کا موقف بلاشبہ بہتر رہے گا۔ آندھرا کے لوگوں کی بہ نسبت تلنگانہ عوام کو اردو سے دلچسپی اور رغبت ہے۔ علاحدہ تلنگانہ میں اردو کو فروغ حاصل ہوگا۔

دہشت گردی کے بہانے مسلمانوں سے ظالمانہ سلوک ملک بھر کی پولیس کا وتیرہ رہا ہے۔ ٹی ڈی پی (جو این ڈی اے میں شامل تھی کے دور میں حیدرآباد کی پولیس جو جانبدار اور مسلم دشمن تو کانگریسی دور میں ہی تھی) کو دہشت گردی میں مسلمانوں کو ملوث کرنے ان کو ہراساں کرنے، انکاونٹر کے بہانے قتل کرنے بے وجہ گرفتار کرنے

جسمانی اور ذہنی اذیت دینے کی ترغیب اور تربیت دی گئی ان کی ذہنیت خراب کی گئی۔ سوال یہ ہے کہ اس ذہنیت کو کس طرح بدلا جائے گا؟ مسلمانوں کے لئے فرقہ پرستوں سے نمٹنے سے زیادہ مشکل پولیس سے نمٹنا ہے۔

علاحدہ تلنگانہ میں اگر مسلمان اپنی سیاسی طاقت بڑھا کر کیرالا کی طرح "بادشاہ گر" کا موقف حاصل کرلیں تو ان کا مستقبل روشن اور محفوظ ہی نہیں انشاء اللہ تعالیٰ مستحکم ہو گا۔

***

# بابری مسجد - تعمیر سے شہادت تک

۶/ دسمبر ہر سال آتا ہے اور ہمیں بابری مسجد کی شہادت کے المناک واقعہ کے ساتھ ہندوستان میں بڑھتی ہوئی فرقہ پرستی اور فاشزم اور حکومت کی مشنری میں محدود پیمانے پر سہی لیکن ہر سطح (وزراء سے لے کر ایک پولیس کانسٹبل تک) پر پائے جانے والے تعصب اور مسلم دشمنی سے صرف مسلمانوں کو ہی نہیں بلکہ پوری قوم اور ملک کو لاحق خطرات سے آگاہ کرتا ہے گو کہ بابری مسجد کی شہادت کے کلیدی مجرم نرسمہا راؤ جیسا فرقہ پرست، مسلم دشمن اور نااہل شخص نہ وزیراعظم بنا ہے اور نہ ہی بن سکے گا۔ سیکولرازم کا دم بھرنے والی تمام جماعتوں کانگریس اور سنگھ پریوار دونوں ہی بابری مسجد کی شہادت کے جرم میں برابر کی شریک ہیں۔

یہ گڑے مردے اکھاڑنا، یا زخموں کو ہرا کرنا نہیں ہے بلکہ ماضی سے سبق لینے کیلئے بابری مسجد کے ماضی کا ذکر انگریزوں، کانگریس اور سنگھ پریوار کے حوالے سے اختصار کے ساتھ پیش ہے۔

شہنشاہ بابر کے ایک سپہ سالار میر باقی نے ۱۵۲۸ء میں ایودھیا (ضلع فیض آباد) میں بابری مسجد تعمیر کروائی تھی۔ ۱۵۲۸ء سے لے کر ۱۸۵۰ء کے بعد تک بھی یہ بات کسی نے نہیں کہی تھی کہ بابری مسجد کسی مندر (خاص طور پر رام چندر جی کے مقام پیدائش) رام جنم بھومی کی جگہ بنے مندر کو توڑ کر بنائی گئی تھی ویسے رام چندر جی کا مقام پیدائش ایودھیا

ہونا نیز رام چندر جی کی حقیقی تاریخی حیثیت ہی مشتبہ باتیں ہیں حد تو یہ کہ بابری مسجد کی جگہ پر رام چندر جی کے مقام پیدائش کا ہونا گذشتہ سال الہ آباد ہائی کورٹ نے دلیل و ثبوت کی بنیاد پر نہیں بلکہ "عقیدے" کی بنیاد پر تسلیم کر کے نہ صرف خود کو مذاق کا موضوع بنالیا بلکہ ملک کی عدالت عظمیٰ نے بھی عدالت عالیہ الہ آباد کے اس فیصلے کو" عجیب و غریب" قرار دے کر عدالتی فیصلہ پر اعتراض کرنے کا جواز پیدا کر دیا ہے۔

بابری مسجد رام جنم بھومی مسئلہ انگریزوں نے ہی پیدا کیا تھا۔ اس کے ساتھ ان ہی بیکر صاحب نے کئی ایسے فتنہ انگیز نکات پیش کئے جنہوں نے ایک غیر متنازع بات کو متنازع بنانے میں اہم حصہ لیا ہے۔ ہالینڈ سے تعلق رکھنے والے ہنس بیکر نے ہی ۱۰۰۸ء میں " جنم بھومی مندر" کی تعمیر کی بات لکھی تھی۔ انگریزوں کی ریشہ دوانیوں میں یہ امر بھی شامل ہے کہ ۱۸۵۵ء کی پہلی جنگ آزادی کی ناکامی کے بعد ایودھیا میں انگریزوں کی افواج اور انگریزوں کے نمک خوار ہندو زمینداروں اور تعلقہ داروں نے مل کر ہنومان گڑھی کی مسجد شہید کی اور مسجدیں بھی توڑیں جب مولوی امیر علی امیٹھوی نے مساجد کو واگذار کرنے کیلئے کاکاروائی کی تو تاریخ حدیقہ شہدا اور قیصر التواریخ کے مورخین کا خیال ہے کہ انگریزوں کے توپ خانے کی زد میں آکر مجاہدین شہید ہوئے اور بعد ازیں انگریزوں نے مولوی امیر علی کو سزائے موت دے کر شہید کر دیا۔ اس کے بعد مقدمہ بازی تو ہوتی رہی لیکن کوئی خاص مسئلہ پیدا نہ ہوسکا (افکار ملی ماہنامہ ۔ بابری مسجد نمبر ۲۰۰۳) اس کے بعد انگریزوں نے اپنی سروے رپورٹس ، انتظامیہ کے شائع کردہ گزیٹرس وغیرہ میں بابری مسجد کے بارے میں لکھنا شروع کیا کہ یہاں پہلے مندر تھا چنانچہ اس سلسلے میں " مانگمری مارٹن اور پی کارینگی کی رپورٹس نے قیاسات کی بنیاد پر مندر کی جگہ مسجد کے مفروضے پیش کئے۔

۱۸۷۰ء میں فیض آباد تحصیل کا بند و بست ہونے لگا تو قائم مقام ڈپٹی کمشنر پی کارینگی P.CARENGY نے تین مندروں (بشمول رام جنم بھومی استھان) کی جگہ مسجدوں کی تعمیر کا فتنہ چھیڑا تھا وہ بھی " مقامی طور پر سے یقین کئے جانے کی بنیاد پر " (نہ کہ کسی تاریخی شواہد یا ثبوت) کارینگی کی رپورٹ وہ پہلی رپورٹ جس میں مسجد مندر مسئلہ کھڑا کرنے کی کوشش کی گئی تھی۔ اس کے بعد برطانوی حکومت کے دور میں جن جن دستاویزات میں اسی رپورٹ کو بنیاد بنا کر اور نمک مرچ لگا کر پیش کیا گیا۔

۱۸۷۱ء میں ملک میں آثار قدیمہ کا محکمہ قائم کیا گیا۔ آثار قدیمہ کے تعلق سے اہم کام الیگزینڈر کننگھم نے انجام دیا۔ اس نے بھی مسلمانوں پر مندر مسمار کرنے کی باتیں لکھیں۔ انگریزوں کی کوشش یہی تھی کہ ایک بڑی قضیہ کھڑا کر دیا جائے وہ اس میں کامیاب رہے (بابری مسجد۔ سید صباح الدین)۔ انگریزوں نے اس قضیہ کو بڑھانے کی تدابیر کیں اور یہ تاثر قائم کیا کہ مندر کو مسمار کر کے بابری مسجد بنائی گئی تھی۔ بابری مسجد کے مقابل ایک خالی جگہ جو " جنم استھان " کہلاتا تھا صدہا برس سے خالی پڑا تھا تاہم ہندو وہاں پوجا ضرور کرتے تھے۔ ۱۹۶۳ء میں تھانیدار کی اعانت سے راتوں رات ایک چبوترہ بنالیا اور اس کو بڑا کرنے کی کوشش بھی کرتے رہے چنانچہ بابری مسجد کے متولی، خطیب اور موذن محمد اصغر نے اس سلسلے میں ۱۹۸۳ء اور ۱۹۸۴ میں دو درخواستیں دی تھیں جس کا ذکر سید صباح الدین نے " بابری مسجد " نامی کتاب میں درج کیا ہے۔ دوسری جانب ۱۹۸۵ء میں مہنت رگھو ویر داس اور دوسرے مہنتوں نے چبوترہ پر مندر تعمیر کرنے کی اجازت کیلئے عدالت میں درخواست دی تھی۔ واضح ہو کہ یہ چبوترہ مسجد سے باہر تھا اور اس عرضی میں یہ دعویٰ نہیں کیا گیا تھا کہ بابری مسجد مندر توڑ کر بنائی گئی ہے۔ نہ ہی بابری مسجد کو حاصل کرنے کی درخواست کی گئی تھی۔ فیض آباد کے سب جج پنڈت ہری

کشن نے یہ درخواست خارج کر دی تھی۔ اس فیصلے کے خلاف مہنتوں نے جو اپیل کی تھی وہ بھی ڈسٹرکٹ جج نے خارج کر دی لیکن انگریز جج (ایف۔ اے چیمپئر) نے اپنے فیصلے میں بغیر کسی دلیل کے انگریز مؤرخوں کی پیروی میں لکھا کہ "یہ بات افسوسناک ہے کہ ایک مسجد ایسی زمین پر بنائی گئی جو ہندوؤں کے نزدیک خاص تقدس رکھتی ہے لیکن کیوں کہ واقعہ ۳۵۶ سال قبل پیش آیا تھا لہٰذا اب اس کا تدارک ممکن نہیں ہے۔ جملہ فریقین موجودہ حالت کو برقرار رکھیں"

(بابری مسجد اے ٹیل ان ٹولڈ A tale untold صفحہ ۵۰ / محمد جمیل اختر)

۱۸۸۵ء کے بعد فریقین نے خاموشی اختیار کر لی تھی ہندوؤں نے بابری مسجد پر کوئی دعویٰ نہیں کیا وہ مسجد سے باہر واقع چبوترے پر پوجا کرتے رہے لیکن یہ خاموشی اور قضیہ کا آگے نہ بڑھنا انگریزوں کو پسند نہ تھا چنانچہ ۱۹۰۵ء میں ایچ آر نیویل نے فیض آباد گزیٹر مرتب کیا اور صفحہ :۱۵۳ پر لکھا۔۔

" ۱۵۲۸ء میں بابر نے اس روایتی جگہ پر اجودھیا میں مسجد بنائی جہاں رام پیدا ہوئے تھے"۔ اس نے یہ بھی لکھا تھا" یہاں مسلمان حاکم کی موجودگی اور اس کے دربار کی وجہ سے ہندوؤں کی مقدس جگہیں پس پشت پڑ گئیں" نیویل نے وہی جھوٹ باتیں دہرادی ہیں جو ماضی میں انگریز کہتے رہے تھے لیکن اس نے ہر بات یوں وثوق سے لکھی جیسے کہ ثابت شدہ تاریخی حقائق لکھ رہا ہے جبکہ اس کے پیشرو " قیاس۔ مانا جاتا ہے" وغیرہ کے سہارے جھوٹ لکھا کرتے تھے۔ مسز اے ایس بیورج نے ۱۹۲۲ء میں تزک بابری کا انگریزی میں ترجمہ کیا اس کی بد دیانتی کا حال یہ ہے کہ جب اس کو بابر نامہ مغلوں کے عہد کی کسی تاریخ سے یہ پتہ نہ چل سکا کہ بابر نے رام جنم استھان کو مسمار کر کے وہاں ایک مسجد بنائی تو اس نے بابر نامہ کے صفحہ ۶۵۶ پر ۱۹۰۵ء کے گزیٹر ایچ آر نیویل کا ہی بیان نقل

کر دیا بیورج نے بھی محقق کی جگہ قیاسات پر مبنی خیالات کا اظہار کیا۔ اس نے بابر کی ایودھیا آمد کا ذکر کیا لیکن اس نے یہ بات قیاساً (Presumable) سے شروع کی ہے اور یہ بھی حیرت انگیز انکشاف کر دیا کہ "تزک بابری" میں ۹۳۵ھ (م ۱۵۲۸ء) کے چند جزوی واقعات تحریر نہیں کئے گئے جس کی وجہ سے اودھ کے متعلق معلومات حاصل نہیں کئے جاسکے۔

یہ تو تھیں انگریزوں کی ریشہ دوانیاں اور جو بات قضیہ نہ تھی اسے قضیہ بنانے کی کوشش کے احوال۔

عام طور پر مانا جاتا ہے کہ آزادی کے بعد ۲۲ اور ۲۳ دسمبر کی درمیانی شب کو اچانک شر پسندوں نے بابری مسجد کا تالا توڑ کر مسجد میں گھس کر منبر کے پاس مورتیاں رکھ دیں لیکن ساری بات یوں نہیں ہے اس سلسلے میں کانگریس کا رول شروع سے آخر تک قابل مذمت رہا واضح ہو کہ بابری مسجد میں مورتیاں جب رکھی گئیں تب سے ۱۹۸۶ء میں بابری مسجد میں پوجا کی اجازت دیئے جانے اور ۱۹۹۲ء میں مرکز میں کانگریس کا راج تھا بلکہ اتر پردیش میں بھی زیادہ تر کانگریس کا راج رہا۔ سنگھ پریوار تو ۱۹۸۴ء میں مندر مسجد معاملے میں سامنے آئی تھی۔ ملک جب آزاد ہوا، گاندھی جی کے قتل سے پہلے اور بعد ایودھیا اور فیض آباد وغیرہ میں کیا حالات تھے اس کا اندازہ گاندھی جی کے چیلے اور رکن پردیش کانگریس کمیٹی اور سکریٹری کانگریس کمیٹی فیض آباد کے ان خطوط سے ہوتا ہے جو کہ انہوں نے اس وقت کے یوپی کے وزیر داخلہ لال بہادر شاستری (آنجہانی وزیر اعظم ہند) کو لکھے تھے۔ ۱۳ر نومبر ۱۹۴۹ء کو چبوترہ وسیع کرنے کیلئے بابری مسجد کے آس پاس جو قبریں تھیں ان کو کھود ڈالا گیا تھا گویا بابری مسجد میں بتوں کی تنصیب سے پہلے ہی اجودھیا میں کشیدگی تھی۔ مزید تفصیلات اکشے کمار برہمچاری کے خطوط میں پڑھے جاسکتے ہیں

(افکار ملی، ماہنامہ دہلی) کا بابری مسجد نمبر ۲۰۰۳ صفحہ ۱۵۷ اور 'بابری مسجد' مرتبہ محمد عارف اقبال (حصہ دوم صفحہ ۴۴۹)۔

شری اکشے برہمچاری نے لکھا تھا : میں تقریباً بارہ بجے کے ہمراہ بابری مسجد گیا (۲۳ دسمبر ۱۹۴۹) جہاں مورتی رکھی ہوئی تھی تھوڑے سے آدمی مسجد کے پاس جمع تھے اس وقت آسانی سے مسجد کی حفاظت ہوسکتی تھی اور مورتی کو ہٹایا جاسکتا تھا۔ ضلع مجسٹریٹ نے اس کو مناسب نہیں سمجھا۔

آگے بڑھنے سے قبل یہ بتادیا جائے کہ دسمبر ۱۹۴۹ء میں پنڈت گووند ولبھ پنت یوپی کے وزیر اعلیٰ تھے لال بہادری شاستری وزیر داخلہ تھے۔ مسلمان قائدین میں مولانا آزاد، سیف الدین کچلو، آصف علی، رفیع احمد قدوائی، ڈاکٹر سید محمود اور شیخ عبداللہ تھے لیکن اس سلسلے میں کسی کا کچھ کرنا و کہنا تو دور کی بات ہے کسی نے ایودھیا کا دورہ نہیں کیا۔ دسمبر ۱۹۴۹ء اور اس کے بعد فیض آباد کے ڈپٹی کمشنر کے کے نیر چاہتے تو ۲۳ دسمبر یا اس کے بعد مورتیاں مسجد سے ہٹائی جاسکتی تھیں۔ حد تو یہ ہے کہ ڈپٹی کمشنر فیض آباد نے اس وقت کے چیف سکریٹری اتر پردیش بھگوان سہائے کو جواب دیا کہ "مسجد سے مورتیاں ہٹانے کو ایک خطرناک قدم قرار دیا اور ایسا کرنے سے اپنی معذوری ظاہر کی"

('بابری مسجد' حصہ اول صفحہ ۳۲۷)

ممتاز قانون داں اور مصنف اے جی نورانی نے ۱۹۴۹-۵۰ء کے مرکزی وزیر داخلہ سردار پٹیل اور وزیر اعلیٰ یوپی پنڈت گووند ولبھ پنت کی خط و کتابت انگریزی ماہنامہ "مین اسٹریم" میں شائع کی تھی جس سے یہ ثابت ہوتا ہے کہ دونوں رہنماؤں کو علم تھا کہ ایک مسجد کو مندر بنانے کی کوشش کی جارہی ہے۔ دونوں قائدین نے سچائی کو تسلیم کرنے کے باوجود اس کو طاقت کے ذریعہ بحال کرنے کی جگہ تصفیہ، افہام و تفہیم پر زور دیا

اور "یکطرفہ کارروائی" سے احتراز کئے جانے اور جارحانہ اور دباؤ والے طریقوں کو اختیار کرنے کا مشورہ نہیں دیا۔ مسجد پر غاصبانہ قبضہ کو سردار اور پنت نے سچائی تسلیم کرنے کے باوجود "تصفیہ" کی ضرورت کیوں نہیں محسوس کی تھی۔ کیوں اس کا جواب کون دے

(بابری مسجد حصہ دوم، محمد عارف اقبال صفحہ ۴۵۵ تا ۴۵۸)

مسجد پر ناجائز قبضہ برخواست کرنے کی جگہ ڈپٹی کمشنر کرشن کمار نائر نے مسجد اور متصل قبرستان کو قرق کرلیا اور مسجد میں تالا ڈال دیا گیا۔

مسلمانوں نے مقدمہ دائر کرنے کی مدت کے آخری دنوں میں ۱۹۶۱ء میں یوپی سنی وقف بورڈ نے مذکورہ اراضی پر حق ملکیت کا دعویٰ کرتے ہوئے مسجد سے مورتی ہٹوانے کیلئے عدالت میں اپیل دائر کی۔ اتنے اہم معاملے میں اس قدر تاخیر ناقابل فہم ہے۔

مندرجہ بالا واقعات سے بڑے بڑے کانگریسی قائدین اور اس دور کے مسلمان قائدین کی روش کا پتہ چلتا ہے۔

۱۹۸۴ء دہلی میں ہندوؤں (وشواہندو پریشد) نے مسجد کا تالا کھلوانے کا مطالبہ کیا اس طرح سنگھ پریوار " مندر وہیں (جہاں بابری مسجد تھی) بنے گا" کے نعرے کے ساتھ میدان میں آگئی اس کا بی جے پی کو فوری فائدہ یہ ہوا کہ جہاں ۱۹۸۴ء کے انتخابات میں اسے صرف دو نشستیں پارلیمان میں حاصل ہوئی تھیں لیکن اگلے انتخابات میں یہ تعداد ۹۰ سے زائد ہوگئی تھی۔ یہ بات بھی قابل ذکر ہے کہ کانگریس کے بے حد اہم اور سینئر قائد پنڈت نہرو کے ساتھی اور پنڈت نہرو اور لال بہادری شاستری کی موت کے بعد نگران وزیر اعظم بننے والے شری گلزاری لال نندہ ۱۹۸۲ء میں وشواہندو پریشد میں شامل ہوگئے تھے اور ۱۹۸۳ء میں "شری رام جنم اتسو سمیتی" بنائی تھی۔

کانگریسی حکومتوں نے بابری مسجد کی ملکیت کے مقدمہ یا ۱۹۹۲ء میں بابری مسجد کی

شہادت کے بعد شہادت کے مجرموں کے خلاف مقدمہ کی عاجلانہ یکسوئی کیلئے کچھ نہیں کیا لگتا یہی ہے کہ حکومتوں کی پالیسی کی بنیاد ٹال مٹول پر رہی حد تو یہ ہے کہ لبراہن کمیشن کو بھی دل کھول کر مہلت دی گئی غرض کہ قانونی لحاظ سے معاملہ کی یکسوئی کی سنجیدہ کوشش کا ہمیشہ فقدان رہا۔

یکم فروری ۱۹۸۶ء ڈسٹرکٹ جج فیض آباد نے بابری مسجد کا تالا کھول کر ہندوؤں کو عام پوجا پاٹ کی اجازت دی عدالت نے یہ فیصلہ دیتے وقت قواعد وضوابط کو اس حد تک بالائے طاق رکھا کہ فریق مخالف مسلمانوں کو اپنی رائے تک دینے کا موقع نہیں دیا گیا کمال تو یہ ہے کہ یہ حکم ایک ایسے فرد کی درخواست پر دیا گیا تھا جس کا کسی مقدمہ سے کوئی تعلق نہ تھا جبکہ ملکیت کے مقدمہ کے ایک اہم فریق محمد ہاشم کے عذر و دلائل کو ڈسٹرکٹ جج کے ایم پانڈے نے نہ صرف ایک دن قبل یو ایس پانڈے کی درخواست کا فیصلہ کرتے ہوئے اصل مقدمہ ۱۹۵۰ء کے اس عدالتی حکم جس کے تحت بابری مسجد کو مقفل کر دیا گیا تھا نظر انداز کر کے بابری مسجد کو عملاً مندر میں تبدیل کر دیا اور متنازع فیہ عمارت (جس کی ملکیت کا مقدمہ زیر سماعت تھا) کا مکمل اختیار فریق مخالف یعنی ہندوؤں کو دے دیا۔ اس درخواست کو منصف مجسٹریٹ نے مسترد کر دیا تھا لیکن راجیو گاندھی جو اس وقت وزیر اعظم تھے "ہندو ووٹ" کو مضبوط کرنے کیلئے اپنے چچا، مشیر اور مرکزی وزیر ارون نہرو کے مشورے پر بابری مسجد کا تالا کھلوایا تھا اسی واسطے اس فیصلے کی اور تالا کھولے جانے کی زبردست تشہیر ہوئی آل انڈیا ریڈیو اور دور درشن سے اس کی زبردست تشہیر کی گئی۔

طرفہ ستم یہ ہے کہ ڈسٹرکٹ جج کے فیصلے کے خلاف محمد ہاشم کی اپیل کو الہ آباد کی عدالت العالیہ (ہائی کورٹ) نے مسترد کرتے ہوئے "جوں کی توں حالت" یعنی مسجد میں

پوجا کی اجازت برقرار رکھی

(صفحہ ۳۷ پروفیسر ایس اے ایچ حقانی، Secularism Under Siege)

سچ تو یہ ہے کہ اسی واقعہ کے بعد ملک بھر کے مسلمانوں کو بابری مسجد پر ۱۹۴۹ء سے کیا گذرتی رہی ہے بلکہ بابری مسجد کے وجود کا پتہ چلا ویسے ۱۹۸۴ء سے ہی ملک بھر میں بابری مسجد کا چرچا ہونے لگا تھا لیکن عام نہ تھا۔

راجیو گاندھی کے دور میں ۹/ نومبر ۱۹۸۹ء کو "شیلا نیاس" کیا گیا تو کہ یہ عدالت کے حکم کے برخلاف امتناع فیہ علاقہ میں کیا گیا لیکن اس دور کے وزیر داخلہ بوٹا سنگھ نے یہ کہہ کر دھوکہ دیا کہ یہ ممنوعہ علاقہ سے باہر ہوا ہے۔

۳۰/ اکتوبر ۱۹۹۰ء کو یو پی میں ملائم سنگھ وزیر اعلیٰ تھے ہزاروں کار سیوکوں نے بابری مسجد کو منہدم کرنے کی کوشش کی ملائم سنگھ کے حکم پر ان کو روکنے کیلئے گولی چلائی گئی۔ مسجد کو بچالیا گیا چند کار سیوک مارے گئے لیکن مسجد کو بچالیا گیا۔

نرسمہا راؤ کی بدنیتی کا حال ملاحظہ ہو وہ وزیر اعظم بنے تو ستمبر ۱۹۹۱ء میں ایک بل پیش کیا گیا جس کے تحت مختلف مذاہب کی عبادت گاہوں کی حیثیت میں کوئی تبدیلی نہیں ہوگی اور ۱۵ اگست ۱۹۴۷ء کو ان کی جو حیثیت تھی وہ برقرار رہے گی تاہم بابری مسجد کو نرسمہا راؤ نے اس بل کی شرائط سے مستثنیٰ رکھا (کیوں؟ نرسمہا راؤ کو بابری مسجد کی برقراری منظور نہ تھی)۔

بالآخر ٦- دسمبر کو بابری مسجد کو شہید کر دیا گیا!!

مسجد کی شہادت سے قبل نرسمہا راؤ سارے ملک کو یہ کہہ کر دھوکہ دیتے رہے کہ مسئلہ حل کرلیا جائے گا سپریم کورٹ میں بھی مسجد کی برقراری اور نقصان نہ پہنچانے کا حلف نامہ نرسمہا راؤ نے اپنے دوست کلیان سنگھ سے داخل کروایا اور جس وقت مسجد شہید

کی جا رہی تھی نرسمہاراؤ سوتے رہے کار سیوکوں کو من مانی کرنے کی کھلی چھوٹ حاصل تھی پولیس اور نیم فوجی دستوں کو مداخلت سے روک دیا گیا اور نہ صرف مسجد شہید کر دی گئی بلکہ اس کی جگہ عارضی مندر کی تعمیر تک نرسمہاراؤ کی مجرمانہ بے علی بر قرار رہی ہے اس لئے بابری مسجد کی شہادت کا کلیدی مجرم نرسمہاراؤ کو کہا جاتا ہے۔

***

# بابری مسجد کی پہلی شہادت
# - پنت اور پٹیل کی ملی بھگت؟

۶/دسمبر بابری مسجد کی شہادت کو ہی یاد نہیں دلاتا ہے بلکہ اس سلسلہ میں ہوئی تمام زیادتیوں اور دھاندلیوں کو بھی یاد دلاتا ہے۔ بابری مسجد کی شہادت اور ۲۰۰۲ء کے گجرات کے فسادات ہندوستانی مسلمان بھول ہی نہیں سکتے ہیں، یوں تو بابری مسجد عملاً ۱۹۹۲ء میں شہید ہوئی تھی لیکن یہ بابری مسجد کی تیسری اور آخری شہادت تھی۔ جب مسجد کا نام و نشان مٹادیا گیا تھا اس سے قبل بابری مسجد کی دوسری شہادت وہ تھی جب ۱۹۸۶ میں راجیو گاندھی نے بہ حیثیت وزیر اعظم عدل و انصاف اور قانون کی دھجیاں اڑانے والے عدالتی حکم کا انتظام کیا اور مسجد کے مقفل دروازے عام پوجا پاٹ کے لئے کھول دئے گئے تھے اور مسجد مندر بنادی گئی تھی۔ بابری مسجد کی پہلی شہادت ۲۳،۲۲ دسمبر ۱۹۴۹ء کو ہوئی تھی جب رات کے اندھیرے میں بابری مسجد میں رام چندر جی کی مورتیاں ہندو مہاسبھا کے قائدین اور مقامی انتظامیہ کے عہدیداروں کی مشترکہ سازش کے ذریعہ مسجد کی حیثیت تبدیل کردی گئی تھی اور مختصر یہ کہ رام جنم بھومی پر رام مندر بنانے کے لئے ۱۹۴۹ء میں ہی نہ صرف راہ ہموار کی گئی بلکہ ایسا پختہ انتظام کیا گیا تھا کہ مسجد سے مسلمانوں کا واسطہ ہی نہ رہے۔ اس طرح ۲۳/دسمبر ۱۹۴۹ء کو مسجد کی پہلی

شہادت ہوئی تھی۔ ۱۹۴۹ء میں مسجد پر قبضے کی ساری کارروائی اس دور کے یو پی کے وزیر اعلیٰ پنڈت گووند ولبھ پنت کی مرضی اور سرپرستی میں ہوئی تھی اور پنڈت پنت کو اس قسم کے ہر معاملے میں سردار ولبھ بھائی پٹیل کی مکمل حمایت اور تائید حاصل رہا کرتی تھی۔ گو کہ اصل سازش ہندو مہاسبھا کی تھی لیکن فیض آباد کے اس وقت ڈپٹی کمشنر اور ڈسٹرکٹ مجسٹریٹ کے کرشن کمار نائر کی مرضی ہی نہیں بلکہ عملی مدد کے بغیر ہندو مہاسبھا کچھ نہیں کر سکتی تھی اور اگر پنت کی مرضی اور حمایت کے کے نائر کو حاصل نہ ہوتی تو نائر کے لئے مسجد کی بحالی کے لئے دباؤ برداشت کرنا ممکن نہ ہوتا اور پنت میں پٹیل کی حمایت کے بغیر اتنی ہمت نہ تھی کہ وہ اس سلسلہ میں پنڈت نہرو کے اصرار کو نظر انداز کر کے ان کو اس طرح دھوکا دیتے جس طرح انہوں نے جواہر لال نہرو کو دیا تھا۔

تقسیم ہند کے بعد کے پر شوب حالات میں بلکہ مہا تما گاندھی کے قتل کے بعد اس دور کے ہندتووادیوں (جو اس وقت ہندو مہاسبھا اور آر ایس ایس سے متعلق ہوا کرتے تھے ہندو مہاسبھا والوں نے جن سنگھ کو جنم دیا اور بعد میں جن سنگھ کو بی جے پی کا نام دیا گیا۔ عام مسلمان ہی نہیں مسلم قیادت بھی مایوسی، ڈر اور خوف اور خاصی حد تک مرعوبیت اور مصلحتوں کا شکار تھی۔ سردار پٹیل کا ایسا دبدبہ تھا کہ پنڈت نہرو بھی پٹیل کے آگے بے بس نظر آتے تھے۔ ان حالات کا فرقہ پرستوں نے بھرپور فائدہ اٹھایا جس طرح دسمبر ۱۹۹۲ء میں بابری مسجد اچانک نہیں شہید کی گئی تھی بلکہ باضابطہ سازشی منصوبے پر عمل کیا گیا تھا اسی طرح دسمبر ۱۹۴۹ء میں بھی۔ مسجد میں مورتیوں کی تنصیب کی باضابطہ منصوبہ بندی کی گئی تھی ماحول کو فرقہ واریت کے زہر سے مسموم کر کے کشیدہ کر دیا گیا تھا۔ ایودھیا اور فیض آباد میں اس دور کے تمام پولیس افسرا (آج کل کے افسران کی طرح) فرقہ پرست تھے گو کہ یو پی کے وزیر داخلہ لال بہادر شاستری تھے۔ شاستری جی کے

بابری مسجد کے بارے میں کسی مثبت یا منفی رول کا پتہ نہیں چلتا ہے کیونکہ بہ حیثیت وزیر اعلیٰ پنت ہی سب کچھ تھے۔

بابری مسجد میں بتوں کی تنصیب سے قبل کے حالات کا پتہ یو پی کے ایک ممتاز کانگریسی قائد اکشے برہما چاری (جو ضلع فیض آباد کی ڈسٹرکٹ کانگریس کمیٹی کے معتمد ہونے کے علاوہ ریاستی کانگریس کمیٹی کے رکن بھی تھے) نے وزیر داخلہ شاستری جی کو لکھے تھے۔ جس میں ایودھیا اور فیض آباد کے مقامی حکام کی فرقہ واریت کا ذکر ہے۔ فرقہ پرست قائدین کو فرقہ واریت پھیلانے کی اجازت دینے، مسلمانوں کو دہشت زدہ کرنے بابری مسجد کے قریب واقع قبریں کھودنے وہاں چبوترہ بنا کر نو (۹) دن تک رامائن کیرتن کیا جانا اور اکشے برہما چاری پر مسلمانوں سے ہمدری کی سزا میں دو تین بار حملے، گھر کی لوٹ اور اکشے کو زدو کوب کئے جانے کا ذکر ہے۔ اس کشیدہ ماحول کو خوش گوار بنانے اور فرقہ پرستوں پر شکنجہ کسنے کے لئے پنڈت پنت کچھ نہیں کیا اور ان ہی حالات میں مسجد میں مورتیاں رکھی گئی تھی۔

مسجد میں مورتیاں رکھے جانے کے بعد ڈپٹی کمشنر کے نائر نے کس طرح اس خبر کو دیر تک چھپانے، مسجد کے سامنے لوگوں کو جمع کرنے اور نام نہاد معزۂ پر جشن منا کر ایسا ماحول بنانے میں کہ مسجد سے مورتیاں ہٹانا نا ممکن ہو جائے سرکاری عہدیداروں کی اس دھاندلی پر پنت نے مجرمانہ خاموشی اختیار کی اور کے نائر کی ہر رپورٹ پر یقین کر کے بے عملی کا مظاہرہ وقت گزارنے کے لئے کر کے پنڈت جواہر لال نہرو کو دھوکا دیا تھا۔ مورتیاں ہٹانے پر خون خرابے اور تشدد کے جھوٹے بے بنیاد اور مفروضہ اندیشوں سے ہی پنت نے سب کو دھوکا دیا تھا کیونکہ پنت بھی چاہتے تھے کہ بابری مسجد میں نصب کردہ مورتیاں نہ ہٹائی جائیں اور پنت کو سردار پٹیل کی سرپرستی حاصل تھی۔ پٹیل کے ذکر سے

پہلے اس بارے میں پنڈت جواہر لال نہرو کا ذکر کرنا ضروری ہے کیونکہ اسی سے پنت اور سردار پٹیل کی حرکات کا پتہ چلتا ہے۔

پنڈت جواہر لال نہرو نے ڈاکٹر بی سی رائے وزیر اعلیٰ مغربی بنگال کو ۱۸ر مئی ۱۹۵۰ء کے اپنے خط میں لکھا تھا کہ ”ایودھیا میں ایک قدیم مسجد (جس کو بابر نے تعمیر کیا تھا) پر مقامی سادھوؤں اور پانڈوں نے قبضہ کر لیا ہے۔ میں افسوس کے ساتھ بتا رہا ہوں کہ اس معاملے میں یو پی کی حکومت نے اس معاملے سے نپٹنے میں بڑی کمزوری دکھائی ہے“ (ص ۹۷۔ ایودھیا۔ دی ڈارک نائٹ Ayodhya The Cark Night کرشنا جھا اور دھر بندر جھا)

اسی کتاب کے (ص ۹۶) کے مطابق ۱۷ر اپریل کو پنڈت جواہر لال نے پنڈت پنت کو لکھا تھا ”میں اپنے پرانے ساتھیوں سے تنازعات میں الجھنا نہیں چاہتا ہوں میں اس بات سے سخت مضطرب ہوں کہ فرقہ پرستی ان لوگوں کے ذہن اور دل پر چھا گئی ہے جو ماضی میں کانگریس کے اہم ستون مانے جاتے تھے۔ ایودھیا میں جو ہوا وہ بے حد خراب تھا لیکن اس سے بھی بدتر یہ بات ہے کہ ایسی چیزیں ہمارے ہی لوگوں کی مرضی سے ہوں اور اسے جاری رہنا دیا جائے“۔

اسی کتاب کے مطابق پنڈت جواہر لال نہرو کو پنڈت پنت کی نیت اور عزائم پر شبہ تھا وہ پنت کے تاخیری حربوں کو سمجھ چکے تھے۔ بابری مسجد پر ناجائز قبضہ سے نہرو بے حد مایوس اور مضطرب تھے۔ پنت نے جس طرح کا رویہ اختیار کیا تھا وہ ظاہر کرتا تھا کہ وہ مسئلہ حل کرنا نہیں چاہتے اور جواہر لال یہ بات بخوبی سمجھ گئے تھے۔

پنڈت نہرو کے ان خیالات سے ہی بابری مسجد میں مورتیوں کے رکھے جانے میں اور دسمبر ۱۹۴۹ء کے بعد انتظامیہ، سادھو سنتوں اور پنڈت پنت کی حکمت عملی اور

اقدامات میں ان کی بدنیتی اور فرقہ پرستی کے بارے میں کسی ثبوت کی ضرورت نہیں ہے۔

بابری مسجد کے حل کے سلسلہ میں سنگھ پریوار کو عدالتی کارروائیوں سے زیادہ بات چیت اور مذاکرات سے دلچسپی رہی ہے۔ عام طور پر مانا جاتا ہے کہ یہ اڈوانی اور دوسرے قائدین کا حربہ ہے کیونکہ بابری مسجد کو رام جنم بھومی قرار دینے والوں کا قانونی موقف کمزور تھا۔ مذاکرات اور بات چیت سے مسئلہ کے حل سے واحد مقصد یہ تھا کہ مسلمان بابری مسجد خاموشی سے رام مندر بنانے کے لئے حوالہ کردیں لیکن یہ حربہ تو سنگھ پریوار کے مردآہن سردار پٹیل کا ہے جو کہ انہوں نے پنڈت پنت کو اپنے مراسلے مورخہ ۹/ جنوری ۱۹۵۰ء کو لکھا تھا:

"میرا خیال ہے کہ یہ ایسا تنازعہ ہے جس کا حل باہمی طور پر دونوں فرقوں کی باہمی خیر سگالی اور رواداری کے جذبہ سے نکالا جانا چاہئے مجھ کو احساس ہے کہ جو قدم اٹھایا گیا ہے اس میں جذبات کا زیادہ دخل ہے اس کے ساتھ ساتھ ایسے معاملات کو اس صورت میں نمٹایا جاسکتا ہے کہ ہم کو مسلم فرقہ کی رضامندی حاصل ہو جائے۔ سردار پٹیل کا مکمل خط "بابری مسجد۔ شہادت کے بعد" مرتبہ محمد عارف اقبال (ص ۴۵۶، ۴۵۷) بہ حوالہ اے.جی نورانی "بین اسٹریم" ۴/ اگست ۱۹۹۰۔

بات چیت سے مسئلہ کو حل کرنے کی اختراع کے علاوہ پٹیل نے غاصبانہ قبضہ کو بھی تنازعہ بتایا۔ کسی کارروائی پر پٹیل نے زور نہیں دیا بلکہ غیر قانونی وناجائز کارروائی پر سزا کی جگہ تصفیہ کی منطق سردار پٹیل کی اس ذہنیت کو ظاہر کرتی ہے جس کے لئے وہ بدنام ہیں۔

۲۳/ دسمبر کے بعد کے نائر اور ان کی بیوی شکنتلا نائر نے ماحول تو نہ صرف گرما دیا بلکہ یوں ظاہر کیا کہ مندر سے مورتیاں ہٹانا عملاً ناممکن ہے حد تو یہ ہے کہ ۲۶ دسمبر کو پنت

کے نام پنڈت نہرو کا وہ ٹیلی گرام جس میں کہا گیا تھا کہ مورتیاں فوراً ہٹاؤ بے اثر ہو کر رہ گیا اس میں نائر سے زیادہ غلطی پنت کی ہے جس نے عمداً بے عملی کا مظاہرہ کیا۔ اس مسئلہ پر نہرو کی بے چینی اس سے بھی ظاہر ہے کہ وہ ایک مرحلہ پر اپنے خط مورخہ ۵/ فروری میں پیشکش کی کہ وہ ایودھیا آنا چاہتے ہیں لیکن پنت نے ان کو روک دیا۔ پنت فی الحقیقت کچھ کرنا نہیں چاہتے تھے اسی پالیسی پر نرسمہا راؤ نے مسجد کی شہادت کے وقت عمل کیا تھا۔ پنت کی بے عملی و کی وجہ ان کو سردار پٹیل سے ملی حمایت اور تائید تھی اور نہرو پٹیل کے خلاف کچھ نہیں کر سکتے تھے۔ پنت کو اس سلسلے میں نائر کے علاوہ گرودت (سٹی مجسٹریٹ فیض آباد اور سیول جج فیض آباد، بیر سنگھ (جو اس سازش میں انتظامیہ کے مہرے تھے) سے بڑی مدد ملی تھی۔

مسجد میں مورتیاں بٹھانے والے بابا ابھی رام داس جن کا اصل نام ایف آئی آر میں درج تھا کے خلاف کوئی کارروائی نہیں کی گئی۔ مورتیاں ہٹانے کے سلسلہ میں ہندو مہا سبھا کے قائدین کے خلاف کوئی تحقیقات نہیں ہوئی۔ کرشن کمار نائر ڈپٹی کمشنر فیض آباد نے پولیس کی ابتدائی کارروائی میں سٹی مجسٹریٹ گرودت اور بعد میں سیول جج فیض آباد بیر سنگھ کی مدد سے بابری مسجد کا سارا مقدمہ ہی بگاڑ دیا تھا مسجد کو قرق کر کے تالا ڈالنے کا کوئی جواز نہ تھا۔ ۲۳ دسمبر کی اصل ایف آئی آر میں شامل دفعہ ۱۴۵ جس کا تعلق جائز اور ناجائز قبضہ سے تعلق رکھتا ہے جس سے بابری مسجد پر ناجائز قبضہ مجسٹریٹ برخواست کر سکتا تھا کو نظر انداز کر کے اس کو حق ملکیت کا مقدمہ بنالیا گیا جس کے نتائج آج تک مسلمان بھگت رہے ہیں۔ دفعہ ۱۴۵ کا ہٹانا زبردست بے قاعدگی تھی۔

ان بے قاعدگیوں کو وزیر اعلیٰ پنت نے نظر انداز کیا کیونکہ ان کو سردار پٹیل کی حمایت حاصل تھی جب جواہر لال نہرو کچھ نہ کر سکے اور مولانا حسین احمد مدنی، ابوالکلام

آزاد اور رفیع قدوائی خاموش رہے ہوں تو جو بھی نہ ہو تاوہ کم تھا۔ تاہم یہ بات حیرت انگیز ہے کہ ۱۹۸۰ء کی دہائی کے ابتدائی سالوں تک ملک کے عوام بابری مسجد اور رام مندر کے سلسلے میں خاموش رہے۔ پنڈت پنت، سردار پٹیل، راجیو گاندھی اور نرسمہا راؤ کے رویوں کو مورخ ہرگز معاف نہ کرے گا۔ ساتھ ہی مسلمان زعماء، اکابرین، قائدین، علماء قانون دانوں اور دانشوروں کا رویہ بھی شروع سے آج تک تسلی بخش کبھی بھی نہیں رہا۔

٭ ٭ ٭

# تھانے اور جیلیں یا مقتل

آزادی کے بعد ہندوستان میں مسلمانوں کا یہ المیہ رہا ہے کہ وہ مستقلاً ظلم ڈھانے والی مختلف قوتوں کا تختہ مشق بنے رہے ہیں۔ ہندوتوا کے علمبردار فرقہ پرستوں اور مسلم دشمن عناصر میں پولیس اور دیگر ایجنسیاں سب سے آگے نظر آتی ہیں۔ اس کے بعد برسر اقتدار حکومتوں (کانگریسی سب سے زیادہ) کا نمبر ہے۔ جنہوں نے صرف مسلمانوں کے ووٹس کی خاطر جھوٹے وعدوں سے بہلایا ہے اس کے بعد آزادی کے بعد مسلم قائدین ہیں (زیادہ کانگریسی) جنہوں نے مسلمانوں کی قیادت کی بیساکھیوں کے سہارے عہدے تو حاصل کئے لیکن مسلمانوں کے لئے قربانی دینے، مسلمانوں سے خلوص اور احساس ذمہ داری کے جذبے ان کے لئے اجنبی رہے ہیں۔ مولانا آزاد، رفیع احمد قدوائی اور آصف علی سے لے کر غلام نبی آزاد، سلمان خورشید اور ای احمد تک سب کا طریقہ کار ایک جیسا رہا ہے۔ سوال اٹھتا ہے کہ کہاں جائے آج ہندوستانی مسلمان؟

یوپی میں خالد مجاہد کی المناک موت نے صاحب دل مسلمان کے قلب و دماغ پر یہ سوال ہتھوڑے برسا رہا ہے لیکن سوال یہ ہے کہ اس صورت حال سے نکلنے کے لئے ہم ہماری مرکزی و ریاستی حکومتیں اور مسلم قیادت کیا کر رہی ہے؟ آج خالد مجاہد کا واقعہ ہوا کچھ شور ماتم ہوگا، احتجاج ہوگا زبردست بیان بازی ہوگی اور "ٹائیں ٹائیں فش" مسلمانان ہند کی آزادی کے بعد داستان یہ رہی ہے کہ ظلم سہے، نقصان اٹھائے، رویا، ماتم کیا احتجاج

کیا بیان بازی کی اور کہانی ختم۔

ہندوستان میں مسلمان پہلے فسادات میں مارے جاتے تھے ۹/۱۱ کے بعد جعلی پولیس مقابلوں تھانوں اور جیلوں میں اموات ہو رہی ہیں پہلے عام خاص مارے جاتے تھے اب پڑھے لکھے باصلاحیت مسلمانوں کو چن چن کر نشانہ بنایا جارہا ہے۔ تھانے اور جیلیں مقتل (مسلمانوں کے لئے) بن گئے ہیں۔ وزیر اعلیٰ یوپی اکھلیش کہتے ہیں خالد مجاہد کی موت فطری ہے جبکہ اخباری رپورٹس اور مستند ذرائع کچھ اور کہتے ہیں۔ یوپی کے مسلمان وزرا خاموش ہیں۔ وہ بھی تو اکھلیش کی حکومت کا ہی حصہ ہیں۔ مسلمان، مسلم قائدین اور مسلم میڈیا ان سے کیوں نہیں بات کرتا ہے؟ مایاوتی، کانگریس اور بی جے پی والے مسلمانوں کو سماج وادی پارٹی سے برگشتہ کرنے کے لئے جھوٹے بیانات اور افواہیں پھیلا رہے ہیں۔ اس وقت سماج وادی پارٹی کی مسلم قیادت کو سامنے آنا چاہئے۔ اس لئے مسلم نوجوان پولیس مقابلوں، محابس (جیل خانوں) پولیس تحویل میں بے دردی سے مارے جائیں۔ قتیل صدیقی اس سے قبل جاوید عالم، محمد یونس انجینئر اور اب خالد مجاہد پولیس کے ہاتھوں قتل کئے جائیں تو حیرت و تعجب کی کیا بات ہے؟ ۹/۱۱ کے بعد پولیس کا کسی نے کیا بگاڑ لیا؟ حیدرآباد کی شارع عام پر پولیس ہیڈ کوارٹر کے سامنے گجرات پولیس کے بدنام زمانہ افسر (سہراب الدین کے قتل کا ایک ملزم) نریندر امین نے بر سر عام گولی ماردی تھی لیکن اس کیس میں حیدرآباد کی پولیس کا رویہ ایسا تھا جیسا کہ نریندر امین نے کسی نوجوان کو نہیں مارا ہے بلکہ چڑیا کو ماردیا ہے۔ وزرائے اعلیٰ آئے اور گئے لیکن نوجوان شہید کے قاتل کو سزا دینے کا کوئی مسئلہ سامنے نہیں آیا کیوں؟ آخر کیوں؟ پولیس کو حکومت کی تائید حاصل ہے۔

کسی نوجوان کی ہلاکت خواہ وہ جیل میں ہو پولیس کی تحویل میں اس کی موت پر وقتی

طور پر بڑا ہنگامہ ہوتا ہے۔ لیکن گزرتے وقت کے ساتھ سب کچھ بھلادیا جاتا ہے۔ خاطیوں کے خلاف مقدمہ اول تو دائر نہیں کیا جاتا ہے اگر دباؤ، اصرار اور ہنگامے پر ایف آئی کاٹی بھی جاتی ہو تو اس میں ایسے سقم رکھے جاتے ہیں کہ بات نکل کر بھی دور تک نہ جاسکے اور مقدمہ ایک دو پیشیوں میں ختم ہو جائے اور اگر مقدمہ مضبوط ہو تو تاخیری حربے اختیار کر کے "انصاف میں تاخیر انصاف سے محرومی ہے" کو عملاً حقیقت بنادیا جاتا ہے مثلاً ہاشم پورہ قتل عام، اندرا گاندھی کے قتل کے بعد سکھوں کا قتل عام، بابری مسجد کی شہادت کے بعد ممبئی میں ہوئے ۱۹۹۲ء کے خونین فسادات کے ملزموں کو قرار واقعی سزا نہ مل سکی۔ ۲۰۰۲ء میں گجرات کے قتل عام کے چند مجرموں کو ہلکی پھلکی سزا ملی ہے جبکہ اس سے کئی گنا زیادہ اور انتہائی خطرناک مجرم آج بھی آزاد ہیں۔ جن کو سزا ملی ہے وہ چند فلاحی اداروں اور مہیش بھٹ، تیستا سیتلواڈ اور ہرش مندر وغیرہ جیسی سماجی شخصیات اور سپریم کورٹ کی مداخلت کا نتیجہ ہے۔ کانگریس کی مسلمانوں سے بے اعتنائی کی انتہائی بدترین مثال یہ ہے کہ کانگریس کے سابق رکن پارلیمان شہید احسان جعفری کی بیوہ جو مقدمہ سماجی تنظیموں کی مدد سے لڑ رہی ہے یہ تو کانگریس کو لڑنا چاہئے تھا یا کم از کم ان کی بھرپور مدد کرنی چاہئے تھی لیکن مقدمہ لڑنا تو دور کی بات ہے مسلم کش فسادات ۲۰۰۲ء کے بعد گجرات میں ریاستی اسمبلی کے انتخابات میں صدر کانگریس سونیا گاندھی نے ذکیہ احسان جعفری کو ان کے شوہر کا پرستہ تک دینے نہیں گئے تھیں جب حکمراں جماعت کانگریس کے اعلیٰ قائدین کا یہ حال ہو تو پولیس مسلمانوں کی کیا پرواہ کرے گی؟

ملک بھر میں آزادی کے بعد سے ہی ناانصافی، جانبداری بلکہ مسلم دشمنی ہی پولیس کی حکمت عملی رہی ہے بلکہ ۱۹۳۶-۳۷ء میں کئی صوبوں میں قائم شدہ کانگریس کی حکومتوں کی حکمت عملی آج کی بی جے پی یا آسام کی گوگوئی وزارت سے مختلف نہ تھی۔

پولیس کے بگاڑ کا سلسلہ شروع ہوا پولیس کو کنٹرول کرنے والے محکمہ داخلہ کے حصول سے کانگریس کو ہمیشہ ہی بڑی دلچسپی رہی ہے اگر سارے کانگریسی سچے سیکولر ہوتے تو کانگریس اتنی بدنام نہ ہوتی۔ گاندھی جی کی زندگی میں ہی کانگریس میں شیاما پرشاد مکھرجی (بانی جن سنگھ آج کی بی جے پی) راجندر پرساد، ڈاکٹر شریمالی، کے ایم منشی، پرشوتم داس ٹنڈن جیسے مائل بہ فرقہ پرستی لوگ موجود تھے۔ سردار پٹیل مسلم دشمن نہ سہی لیکن مسلمانوں کو زیادہ مراعات دینے کے قائل نہ تھے۔ آج آپ پنڈت نہرو اور آزاد کو ہم جو چاہیں سمجھ لیں لیکن یہ بھی سردار سے خائف رہے تھے۔ سردار کے بعد نہرو تو بے خوف ہوگئے لیکن مولانا آزاد اور دیگر مسلم قائدین مسلمانوں سے دور رہے۔ اندرا گاندھی اور راجیو گاندھی کی حکمت عملی بھی پنڈت نہرو کی حکمت عملی سے مختلف تھی۔ اندرا جی نے آر ایس ایس کو اہمیت دی اس کے فروغ کو برداشت کیا۔ راجیو نے بابری مسجد کو مندر بنادیا۔

بڑے لوگوں کی مسلمانوں سے بے اعتنائی نے پولیس کو ہی نہیں انتظامیہ نے بھی مسلمانوں کو بے آسرا سمجھ لیا جس کا جو دل میں آیا کر گزرا آج بھی یہی حال ہے دہلی کے بٹلہ ہاؤس واقعہ میں چدمبرم نے بہ حیثیت وزیر داخلہ انکوائری سے انکار اس واسطے کیا کہ انکوائری سے پولیس کا حوصلہ پست ہوجائیگا۔

سوال یہ ہے کہ اس کا کیا علاج ہے اس کا واحد علاج یہ ہے کہ پولیس ہو یا تحقیقاتی ادارہ ہو یا انتظامیہ ہو یا عدلیہ اگر ان کی غلطی ثابت ہوجائے تو ان کو سخت سے سخت سزا دی جائے تو جعلی پولیس مقابلے میں قتل کے مرتکب ہونے والے ہی نہیں بلکہ سازش کے سرغنہ کیلئے واحد سزا موت مقرر کی جائے ناجائز بے جواز جیل بھجوانے یا گرفتار کرنے والے پولیس آفیسر کو ان کے گرفتار شدہ بندے کو بے قصور اور مظلوم ثابت

ہونے پر مظلوم کو زیادہ سے زیادہ معاوضہ ادا کیا جائے اور ساری رقم ذمہ دار پولیس آفیسر سے بہ طور جرمانہ وصول کی جائے تاکہ پولیس آفیسر وک بھاری مالی نقصان ہونے کا خوب مظلوموں کو ناحق گرفتار کرنے سے باز رکھے۔ فسادات پر قابو نہ پانے والے تمام افسران مثلاً کلکٹر، تحصیلدار، مجسٹریٹ اور پولیس افسران پر مقدمہ چلائے جائیں اور سخت سزا دینے کا قانون بنایا جائے۔ جیل میں ہلاکت کی صورت میں جیل کے اعلیٰ عہدیدار کو فوری معطلی اور مقدمہ چلا کر سخت سزا دینا لازم ہے۔ کسی وزیر کے تحت محکمہ میں متواتر اس قسم کے واقعات ہوں تو اس وزیر کو برطرف کر دیا جائے۔ بدنام زمانہ مسلم دشمن وزراؤں کو اگلے انتخابات میں پارلیمان یا اسمبلی کا ٹکٹ ہرگز نہ دیا جائے۔ ہم کو مفاد عامہ کے تحت مقدمات دائر کر کے مظلوموں کو بچانا چاہئے۔ حکومت اور انتظامیہ کا رونہ بدلے تو مسلمان وزرا ارکان پارلیمان / اسمبلی کو فوراً مستعفی ہو جانا چاہئے۔ یوپی میں اکھلیش کو راہِ راست پر لانے کے لئے یوپی کابینہ سے چند مسلم وزرا خاص طور پر اعظم خان کا فوری مستعفی ہونا ضروری ہے۔

***

# سنگھ پریوار کا شکار - ہمارے دانشور

دہشت گردی کا الزام اس صدی کے آغاز سے ہی ساری دنیا میں مسلمانوں پر قہر بن کر ٹوٹا۔ "۹/۱۱" کا ڈرامہ رچانے کے فوری بعد امریکہ نے اپنے اور صیہونی منصوبے کے مطابق ۹/۱۱ کا الزام مسلمانوں پر عائد کیا گیا اور اس وقت کے صدر امریکہ بش نے دنیا بھر میں دہشت گردی کے خلاف جنگ کے بہانے عالم اسلام کے خلاف جنگ چھیڑ دی اور تقریباً تمام مسلم حکمرانوں دنیا بھر کے مسلمان علماء، زعماد، دانشوروں اور صحافیوں نے مسلمانوں پر عائد کردہ الزامات کو مسترد کرنے کی جگہ بلا ثبوت تسلیم کر لیا اور بلاوجہ معذرت خواہی شروع کر دی کہ اسلام دہشت گردی نہیں سکھاتا ہے جو دہشت گردی کرتا ہے وہ مسلمان نہیں ہے۔

اس کا مطلب یہ تھا کہ جن مسلمانوں پر دہشت گردی کا الزام لگایا گیا ہے وہ صحیح ہے۔ وہ ہیں تو مسلمان لیکن انہوں نے اسلام کی تعلیم کی خلاف ورزی کی ہے اس لئے مسلمان نہیں رہے ہیں۔ ملزم بنائے گئے مسلمانوں کا دفاع کرنے کی ذمہ داری تھی پر وہ مسلمانوں کا دفاع تو نہ کر سکے الٹا اسلامی تعلیمات کا دفاع شروع کیا گو کہ اس کی بھی ضرورت بلاشبہ تھی لیکن ہونا تو یہ چاہئے تھا کہ اسلام دشمنوں سے کہا جاتا کہ اسلام دہشت گردی نہیں سکھاتا ہے جن پر تم الزامات لگا رہے ہو اس کو ثابت کرو اور جلد ثابت کر سکتے ہو تو کرو ورنہ مسلمانوں کے خلاف یہ بے ہودہ پروپگنڈہ بازی بند کرو۔ نتیجہ یہ ہوا

کہ صیہونیوں اور امریکہ کا داؤ چل گیا اور ساری دنیا میں مسلمان گناہ بے گناہی کی سزا (محض اپنے حکمرانوں، قائدین، علماء، زعماء، اکابرین، دانشوروں کی وجہ سے پا رہے ہیں۔

یہی ہندوستان میں ہوا لیکن ہندوستان میں اب کچھ عرصہ سے چند مسلمان جو اپنے آپ کو بے زعم خود دانشور اور نہ جانے کیا کیا سمجھتے ہیں وہ اپنے احمقانہ دانشوری سے مسلمانوں کو نقصان پہنچا رہے ہیں۔ ان خود ساختہ دانشوروں میں انگریزی میں لکھنے والے ہی زیادہ ہیں کیونکہ ہم جیسے لوگوں کی باتیں بنیاد پرستی، انتہا پسندی، قدامت پسندی اور نہ جانے کون کون سی "پسندی" لگتی ہیں۔ اس لئے قومی انگریزی اخبارات کیلئے بہت لائق، قابل اور بے باکی سے لکھنے والے مسلمان بھی شجر ممنوعہ ہیں۔ انگریزی میں لکھنے والے یہ روشن خیال، لبرل اور ترقی پسند اور سیکولر (نام نہاد) افراد اپنی دانشوری کے مظاہرے کے لئے کبھی مودی کی حمایت کرتے نظر آتے ہیں تو کبھی انڈین مجاہدین کے مفروضہ وجود کو حقیقی تسلیم کرتے ہوئے یہ نکتہ آفرینی کرنے لگے ہیں کہ مسلمانوں کے دشمنوں نے فسادات سے متاثر ہونے والے نوجوانوں کو ورغلا کر اپنے مذموم مقاصد (دہشت گردی) کیلئے استعمال کر رہے ہیں اور اسی مقصد کے لئے انڈین مجاہدین قائم کی گئی ہے۔ چلئے چھٹی ہوئی کہاں تو یہ مطالبہ تھا کہ بغیر ثبوت مسلمان نوجوانوں کو دہشت گردی کے مفروضہ، جعلی اور جھوٹے الزامات میں گرفتار نہ کرو اور جھوٹے مقدمات میں ماخوذ نہ کرو غیر مسلم بھی ایسے ہی خیالات کے حامل تھے انڈین مجاہدین کے وجود کو تو جسٹس مارکنڈے کاٹجو نے بھی تسلیم نہ کرتے ہوئے اسے ایجنسیوں اور ذرائع ابلاغ (میڈیا) کی اختراع قرار دیا تھا لیکن گنے چنے ٹی وی پروگراموں پر آنے والے اور انٹرنیٹ کے فورمس پر انگریزی میں لکھنے والے دانشوروں نے مارے دانشوری کے انڈین مجاہدین کو بھی تسلیم کر لیا مسلمانوں کا دہشت گردی میں ملوث ہونا بھی تسلیم کر لیا یعنی وہی بات ہوئی "گھر کو آگ

لگ گئی گھر کے چراغ سے" اور جو کسی نے اعتراض کیا تو معہ اپنے چمچوں کے اس پر ٹوٹ پڑے اور جب بتایا گیا کہ تم نے تو پوری قوم کو نقصان پہنچایا ہے تو نہ ان سے جواب بن پڑتا ہے اور نہ ہی چمچے کچھ کہتے یا لکھتے ہیں۔ قوم کو ملت کو نقصان پہنچانے والوں کی اس قسم کی باتوں سے ہی سنگھ پریوار اور اس کے زیر اثر میڈیا، انتظامیہ اور پولیس کو ہمارے خلاف محاذ کھڑا کرتے ہیں، الزام تراشی کرتے ہیں تو یا مسلمانوں کے خلاف لگائی جانے والی آگ کو ایندھن ہمارے ہی مسلمان بھائی فراہم کر رہے ہیں۔

ایک ایسے وقت جبکہ وطن عزیز میں ہمارے خلاف "فتنہ مودیت" سر اٹھا رہا ہے۔ جس طرح آنجہانی ہیمنت کرکرے سے قبل دہشت گردی کے لئے صرف اور صرف مسلمانوں کو مورد الزام قرار دیا جاتا تھا اور ہندوتوا کے علم برداروں کے دہشت گرد ہونے کی بات سوچی بھی نہیں جاتی تھی۔ پھر وہی دور لوٹ آیا ہے۔ نیز دہشت گردی کے کئی واقعات میں ہندو دہشت گردوں کے ملوث ہونے کے ثبوتوں کے علاوہ ۲۰۰۱ء میں پارلیمان پر ہوئے حملے کے لئے اس دور کی این ڈی اے حکومت کو ذمہ دار قرار دیا جا رہا ہے تاکہ دہشت گردی کے خلاف سخت قانون بنایا جاسکے چنانچہ مسلمانوں کو تنگ کرنے کے لئے ہی "پوٹا" نامی کالا قانون نافذ ہوا اور ایسی ہی باتیں ۲۶/۱۱ کے ممبئی حملوں کے بارے میں کہی جا رہی ہیں ہمارے خود ساختہ دانشور محض خود کو نمایاں کرنے کے لئے مسلمانوں پر الزام لگا کر مسلمانوں پر الزام لگانے والوں کو تقویت پہنچا رہے ہیں۔ مسلمانوں پر دہشت گردی کا الزام لگانے والے ایک دانشور نے ایک ٹی وی کے مذاکرہ میں کہا تھا کہ مسلمانوں کے معاشی حالات اس وجہ سے خراب ہیں کہ ملک کے سارے عوام کی بھی معاشی حالت پست ہے۔ اس قسم کی باتیں اس مرعوب اور خوشامدانہ ذہنیت کی غمازی کرتی ہیں جو آزادی کے بعد کی مسلم قیادت کا وتیرہ رہا ہے جو مسلمانوں پر الزام تو

لگاسکتی تھی لیکن مسلمانوں کے لئے تحفظات، سہولیات اور مراعات کی بات تک سننا گوارہ نہیں کرتی تھی۔اسی قیادت کی تقلید آج بھی جاری ہے۔

"جو ہوا سو ہوا" کہہ کر مسلمانوں کو ۲۰۰۲ کے گجرات کو بھلادینے والوں کو یہ یاد رکھنا چاہیئے کہ اب مقابلہ ہندوتوا کے نظریات کے علمبر داروں سے نہیں بلکہ اس نظریہ کو مسلم دشمنی کے قالب میں ڈھالنے والے آر ایس ایس یا ہیڈ گواریا گول والکر کے جانشینوں سے راست ہے۔ اس لئے پوری ہمت، دانش مندی، بہادری اور جرأت مندانہ تدبر سے کام لینا ہے نہ کہ کسی قسم کی مرعوبیت خوف یا مصلحت سے کام لے کر اپنی کمزوری کا اظہار کرتا ہے۔ ہم کو جارحیت سے ہر حال میں دور رہنا ہے لیکن اپنے پر ہونے والے حملوں کا دفاع پوری قوت سے جارحانہ انداز میں کرنا ہے اس کی مثال یہ ہے کہ اگر دہشت گردی کے سلسلے میں انڈین مجاہدین کا تذکرہ اس حوالے سے بھی آئے کہ فسادات سے متاثر ہونے والے نوجوان اپنے غم و غصہ کا اظہار کرنے کے لئے دہشت گردی پر آمادہ ہوسکتے ہیں یا ہندوتوا کے علمبر دار مسلمانوں کو بدنام کرنے کے لئے انڈین مجاہدین قائم کرسکتے ہیں۔ یاد رکھئے کہ یہ گھما پھرا کر مسلمانوں کو دہشت گرد ثابت کنے یا انڈین مجاہدین کے وجود کو ثابت کرنے کی کوشش ہے۔ افسوس کہ ہمارے بعض دانشور، صحافی اور قائدین بھی اس جال میں پھنسنے لگے ہیں۔ ہم کو مبینہ ملزم پر تیزی سے سماعت کرنے والی عدالتوں (فاسٹ ٹریک کورٹس) میں مقدمہ چلا کر الزامات ثابت کرنے کا مطالبہ کرنا چاہیئے۔ اسی طرح قطع نظر اس کے کہ انڈین مجاہدین کس نے اور کیوں قائم کی ہے؟ اس بات پر اصرار کرنا چاہیئے کہ اس کا وجود پہلے ثابت کرو پھر اس کو قائم کرنے والوں اور قائم کرنے کی وجہ کی بات ہوسکتی ہے۔ ہمیں یہ نہیں بھولنا چاہیئے کہ سنگھ پریوار کی امداد کرنے والے اور اس کے مشیر صیہونی اور یہودی ہیں اور اب مودی بھی وہ مودی نہیں

رہے ہیں جو گجرات فسادات کے دفاع میں "عمل اور رد عمل" کے نیوٹن کے کلیہ کا سہارا لیتے تھے اب وہ مودی آپ سے ہمدردی کے بہانے راہول گاندھی اور سیکولر عناصر کو نشانہ بناتے ہیں۔

ادھر کچھ دنوں سے ہماری خفیہ ایجنسیوں اور پولیس پر ہر سمت سے دباؤ پڑنے لگا تھا کہ انڈین مجاہدین کا وجود ثابت کرو پٹنہ دھماکوں کے بعد پھر انڈین مجاہدین کے چرچے ہونے لگے ہیں لیکن جب اس سلسلے میں دہشت گردی کے لئے مبینہ دہشت گردوں کو مالی امداد بلکہ سرمایہ فراہم کرنے کے لئے ہندو افراد کا جب نام آیا تو انڈین مجاہدین کے فرضی وجود کی عمارت پر کاری ضرب پڑی لہٰذا اس کے ازالے کے لئے ان سرمایہ فراہم کرنے والون کے "آقاؤں" کا ذکر تخلیق کیا گیا اور کہا گیا کہ انڈین مجاہدین کو سرمایہ فراہم کرنے والوں کو سرحد پار سے ہدایات ملتی ہیں اسی لئے سرمایہ فراہم کرنے والوں کو دہشت گرد بھی قرار نہیں دیا گیا۔ ان ہندوؤں کو ضروری ہدایات پاکستان اور منگلور سے ملنے کا ثبوت کیا ہے؟ پاکستان سے ہدایات ملنے کی بات کوئی نئی نہیں ہے حالانکہ یہ بھی عین ممکن ہے کہ ان کو ہدایات آر ایس ایس کے صدر دفتر ناگپور یا مودی کے شہر احمد آباد سے ملتی ہوں لیکن اس قسم کے امکانات پر ہماری پولیس اور ایجنسیاں غور نہیں کر سکتی ہیں۔ اس طرح ایک بار پھر انڈین مجاہدین کے وجود کو ثابت کرنے کی کوشش کی گئی ہے۔ گجراتی قائد شنکر سنگھ واگھیلا کا یہ بیان کہ آر ایس ایس اور بی جے پی انڈین مجاہدین کو سرمایہ فراہم کرتی ہیں۔ انڈین مجاہدین کے وجود کو ثابت کرنے کے لئے کافی نہیں ہے یا یہ کہنا کہ انڈین مجاہدین کی پشت پر سنگھ پریوار ہے کوئی وجدانی فیصلہ نہیں ہے۔ محض بی جے پی یا سنگھ پریوار کو بدنام کرنے کے لئے شنکر سنگھ واگھیلا نے ایک بیان دیا ہے لیکن وہ بھی انڈین مجاہدین کے وجود کو ثابت نہیں کر سکتے ہیں۔ حقیقت یہی ہے کہ انڈین مجاہدین کا وجود آج

تک ثابت نہیں ہوا ہے۔

اس طرح ہمارے چند دانور، صحافی اور اکابرین سنگھ پریوار اور پولیس و ایجنسیوں کے جال میں پھنس کر ملت کی مشکلات میں اضافہ ہی کر سکتے ہیں۔

※ ※ ※

# مظفر نگر - بیان بازی کے بجائے عملی اقدامات ضروری

مظفر نگر کے خونیں فسادات کے بعد فساد سے متاثر ہونے والے مصیبت زدوں کے آلام اور مسائل پر ہمارے سیاسی قائدین اور خاص طور پر مسلمان قائدین کا رویہ اندوہناک ہی نہیں بلکہ قابل مذمت ہے کیونکہ مصیبت زدہ افراد کو راحت پہنچانے کی کوششوں سے زیادہ بیان بازی کا زور ہے۔ تمام سیاسی قائدین اور خاص طور پر مسلمان قائدین کا رویہ نہ صرف غیر صحت مند ہے بلکہ تدبر سے خالی ہے۔ فساد متاثرین کی حالت زار پر اور ان کی مدد کے لئے عدالت عظمیٰ کے واضح احکام کے باوجود اس بارے میں ریاستی حکومت کوئی خاص توجہ نہیں کر رہی ہے۔ اس المیہ کا سب سے زیادہ المناک پہلو یہ ہے کہ سب سے زیادہ بے حسی بلکہ بے غیرتی اور بے شرمی کا مظاہرہ (یو پی کی حکمران جماعت سماج وادی پارٹی کے مسلمان وزراء، ارکان پارلیمان، ریاستی کونسل اور اسمبلی کے علاوہ دیگر قائدین) کر رہے ہیں۔ امداد کا جو کچھ کام ہو رہا ہے وہ غیر سرکاری فلاحی ادارے کر رہے ہیں۔ ریاستی و مرکزی حکومتیں قطعی لاتعلق نظر آتی ہیں۔ قومی میڈیا کو بھی مظفر نگر کے مسلمان مصیبت زدوں سے کوئی خاص دلچسپی نہیں ہے۔

اگر صرف بیان بازی کا تجزیہ کیا جائے تو یہ باتیں کھل کر سامنے آئیں گی کہ برسر

اقتدار سماج وادی پارٹی کے قائدین تمام برسر اقتدار جماعتوں کے قائدین کی طرح اپنی حکومت کے دفاع میں زمین آسمان کے قلابے ملاتے ہوئے محض کھوکھلے دعوے کر رہے ہیں۔ حزب مخالف کے لئے حکومت اور سماج وادی پارٹی پر اعتراضات اور تنقیدوں کا یہ بہر حال ایک سنہری موقعہ ہے۔بی جے پی مظفر نگر کے فسادات کے حوالے سے گجرات کے ۲۰۰۲ء کے فسادات میں اپنے جرائم کی اہمیت اور سفاکی کو گھٹانے کی کوشش میں مصروف ہے۔ کانگریس اور بی ایس پی فسادات کے ذمہ داروں کو سزا دینے اور فساد کے متاثرین کی مدد کے مطالبات سے زیادہ حکومت اور ایس پی پر تنقید کرنے کے اس موقع سے بھرپور فائدہ اٹھا رہی ہیں مثلاً یہ "غنڈہ راج" ہے۔ ووٹ بینک کی سیاست ہے، ملائم نے مسلمانوں کو دھوکا دیا وغیرہ وغیرہ۔ بہت کم بیانات میں کوئی مثبت یا مصیبت کے ماروں کے لئے کوئی مطالبہ یا ان کی مدد کے لئے کوی معقول تجویز پیش کی جاتی ہے۔

ہر طرف صرف باتیں ہی باتیں ہیں۔ ایک طرف ملائم سنگھ کیمپس کے حالات بہتر بنانے کی جگہ کیمپس میں مقیم پناہ گزینوں کو بی جے پی اور کانگریس سے متعلق افراد قرار دیا دوسری طرف مخالف ملائم سنگھ قائدین بجائے اس کے کہ فساد سے متاثر افراد کی مدد اور کیمپوں کے حالات کو بہتر بنانے اور ان کے گھر واپس ہونے کے لئے تحفظ فراہم کرنے کا تیقن دینے پر زور ڈالتے دباؤ ڈالتے حکومت کی بے عملی پر موثر احتجاج کرتے وہ ساری توجہ اس بات پر دے رہے ہیں کہ مسلمانوں کو سماج وادی سے نفرت دلا کر ان کے ووٹس حاصل کرنے کی تدبیر کی جائے جبکہ مسلمان یوں ہی سماج وادی پارٹی سے بے حد ناراض ہیں۔ دوسری اہم بات یہ ہے کہ کیمپس کے بد سے بد تر حالات کو بہتر بنانا سب سے زیادہ ضروری ہے۔ فساد سے متاثر مصیبتوں کے شکار ہزاروں افراد پر ملائم سنگھ نے جو الزام لگایا ہے وہ لازماً لائق مذمت ہے۔ اتنے حساس مسئلہ پر ملائم سنگھ بدترین سیاست کر

رہے ہیں۔ اس طرح مسلمانوں میں وہ رہی سہی عزت بھی کھو چکے ہیں لیک حزب مخالف کے لئے ضروری ہے کہ وہ ملائم سنگھ کو غلط ثابت کریں کیمپوں کی حالت زار پر بیان بازی کے بجائے کیمپوں کے حالات کا مطالعہ و مشاہدہ کر کے وہاں مقیم افراد کے مسائل و مصائب ان سے دریافت کر کے اس کی روشنی میں درکار ضروری اقدامات کا ریاستی حکومت سے مطالبہ کیا جائے۔ مطالبہ پورا نہ ہونے کی صورت میں پر امن احتجاجی طریقے اختیار کئے جائیں۔

آزادی کے بعد ملک میں آئے دن فسادات ہوا کرتے تھے۔ مولانا حفظ الرحمن مرحوم آج کے مولاناؤں کی طرح بیان بازی نہیں کرتے تھے۔ جہاں فساد ہوتا وہاں پہنچ کر حالات معلوم کرتے فساد سے متاثر ہونے والوں کی ممکنہ حد تک مدد کے لئے انتظامیہ پر زور ڈالتے، بے قصور افراد کی رہائی پر زور دیتے (سیکولر ریاستی حکومتوں کی یہ روایت چلی آ رہی ہے کہ فسادات کے بعد مسلمانوں کو گرفتار کر کے ان پر مقدمات قائم کر کے مسلمانوں پر مزید مظالم کئے جاتے تھے۔ آج کوئی مولانا حفظ الرحمن جیسا نہیں ہے۔ ضرورت اس بات کی ہے کہ بیان بازی کی بھی جائے تو مصیبت کے ماوں کیلئے ضروری مطالبات کرنے کے لئے ان کو پور کروانے کے لئے ذور ڈالا جائے۔

سماج وادی کی حکومت، ملائم سنگھ اور اکھلیش بھلے ہی فرقہ پرست نہ سہی لیکن ان کی جماعت کے چند قائدین ہندوتوادی ہیں۔ انتظامیہ میں ہر سطح پر عہدیدار بہت زیادہ نا اہل ہی نہیں بلکہ پرلے درجے کے ہندوتوادی اور مسلم دشمن بھی ہیں۔ ان پر گرفت کرنے میں اکھلیش کی ناکامی خواہ وہ عمداً ہو یا نادانستہ ہو نا قابل معافی ہے اور اس کے خمیازہ بھی ان کو بھگتنا پڑے گا۔ ملائم، اکھلیش اور سماج وادی پارٹی کو نتائج اور عواقب سے ڈرانے اور دھمکیاں دینے کا یہ وقت ہر گز نہیں ہے۔ اس وقت سب سے اہم مسئلہ فساد

متاثرین کی مدد اور ان کو تکالیف اور ہر قسم کی اذیتوں سے بچانے کا ہے۔

فساد سے متاثر ہونے والوں کے لئے کچھ کرنے کی ضرورت نہ صرف بے حد اہم بلکہ فوری نوعیت کی ہے۔ ان کیمپوں میں رہنے والوں کو اپنے اپنے گھروں کو عزت اور تحفظ کے بھرپور احساس کے ساتھ بہر حال انشاء اللہ العزیز جلد ہی واپس ہونا ہے لیکن یہ اتنا آسان نہیں ہے جتنا راہول گاندھی نے سمجھ رکھا ہے۔ یہ بالکل وہی بلکہ اس سے بھی بدترین صورت حال ہے جو کہ گجرات ۲۰۰۲ء کے فسادات میں بے گھر ہونے والوں کو درپیش ہوئی تھی۔ گجرات میں تو ہندوتوادی غنڈوں نے تو ناقابل قبول شرائط کے ساتھ واپسی کی اجازت دی تھی لیکن یہاں تو کسی شرط پر بھی واپسی کی اجازت نہیں ہے۔ الٹا حکومت علی الحساب ۵ لاکھ دے کر مسلمانوں کو ان کے اثاثوں سے محروم کر رہی ہے۔ اس مسئلہ پر کوئی نہیں جانتا ہے کہ مسلم قیادت، مسلم پرسنل لا بورڈ اور دیگر سیاسی جماعتوں نے کس طرح احتجاج کیا ہے اور کیا اقدامات کئے ہیں۔ خاصی تلاش کے بعد ہم نے رکن پارلیمان محمد ادیب کا ایک بیان ضرور دیکھا ہے۔ مرکزی حکومت کی خاموشی اور بے عملی کی خاص وجہ یہ ہے کہ مرکزی حکومت کے لئے یوپی میں ملائم سنگھ کے مسلمانوں پر مظالم سے زیادہ اہمیت مرکزی حکومت کے لئے سماج وادی پارٹی کی حمایت زیادہ اہم ہے۔ کسی بھی جگہ قیام کرنا وطن میں زندگی گزارنا ہر شہری کا حق ہے اور اس حق کو چھین لینا دستور کی توہین ہے۔ مرکزی حکومت اس مسئلہ میں مداخلت کر سکتی ہے لیکن یہ سب نہ کر کے راہول گاندھی نے تجاہل عارفانہ سے کام لے کر مشورہ برائے مشورہ دے کر اپنی کم فہمی کا ایک اور ثبوت دیا ہے۔

اگر یوپی کی حکومت مسلمانوں کو دھمکیاں دینے والوں کو گرفتار کر کے اور ان کو عجلت سے سماعت کرنے والی عدالتوں کے ذریعہ سزائیں دلانے کا انتظام کرے تو مسلمانوں

میں احساس تحفظ پیدا ہو گا۔ حکومت اگر "آہنی ہاتھ" سے کام لے تو بڑی سی بڑی دہشت گردی ختم ہو سکتی ہے۔ دوسری طرف سونیا گاندھی مسلم دشمن جاٹوں سے ملاقات کر کے ان کو ان کے طلب کردہ تحفظات دلانے کا یقین دلا رہی ہیں۔

مظفر نگر کے پناہ گزینوں کے کیمپس میں جو بدترین حالات ہیں ان کو بہتر بنانا وقت کی سب سے اہم ضرورت ہے۔ یہ مسئلہ بیان بازی سے حل نہیں ہو گا۔ راہول گاندھی اگر کابینہ کا فیصلہ "بکواس اور پھاڑ کر ردی دان میں ڈال دو" کہہ کر منسوخ کرواسکتے ہیں تو وہ مرکزی حکومت کی طرف ہنگامی حالات میں وزیر اعظم فنڈ سے ان کیمپوں کے حالات بہتر بنانے کے لئے خیموں، ڈاکٹروں، دواؤں، بچوں کے لئے دودھ کا انتظم بڑی آسانی سے کرواسکتے ہیں۔ ریاستی اسمبلی کے انتخابات سے قبل راہول جی نے کیمپ والوں کے آئی ایس آئی کے ایجنٹوں سے روابط کا ذکر بڑے طمطراق سے کیا تھا۔ انتخابات میں کانگریس کی شرمناک شکستوں کے بعد راہول "خالی ہاتھ" زبانی جمع خرچ کر کے مسلمانوں کو بے وقوف بنانے کی کوشش کر رہے ہیں۔

مسلم قائدین اپنی اپنی پارٹیوں کی وفاداری سے بالاتر ہو کر یوپی کے مسلمان وزرا، ارکان پارلیمان و مقننہ کو مجبور کریں کہ وہ حکومت اترپردیش پر زور ڈال کر کیمپس کے حالات بہتر بنائیں، اگر یوپی کے مسلمان قائدین ساتھ نہ دیں تو ان کی غداری کا احوال قوم کو بتائیں اور خود دھرنا دیں۔ ریلی کریں ستیہ گرہ کریں "بند" کروائیں۔ مسلمان قائدین ہی نہیں بلکہ علماء اور اکابرین کچھ کر کے بتائیں۔ جمعیت العلماء کے قائدین خاص طور پر مولانا ارشد مدنی اور مولانا محمود مدنی صاحبان مولانا حفظ الرحمن مرحوم کی تقلید کریں۔

وہ تمام لوگ جو ملائم، ایس پی کو مطعون کر رہے ہیں ان کا پہلا فرض ہے کہ وہ یوپی کی حکومت کو کیمپس کی حالت بہتر بنانے پر مجبور کریں اور اگر ملائم کچھ فوراً نہیں کرتے

ہیں ان کی بے عملی اور بے حسی کا باضابطہ پروپگنڈہ کر کے ان سے وہی سلوک کرنا چاہئے جو بی جے پی سے کیا جاتا ہے اور جو مسلمان سماج وادی پارٹی میں ہوں ان کا مقاطعہ اسی طرح کرنا چاہئے جو کہ ہم شاہنواز حسین اور مختار عباس نقوی سے کرتے ہیں۔

مسلمانوں کو اسی طرح مجبور رکھنے کے لئے آزادی کے فوری بعد قوم پرست مسلمان قائدین نے قوم سے غداری کر کے پوری شدت سے مسلمانوں کے لئے "الگ سیاسی جماعت" یا تنظیم کی مخالفت کی تاکہ مسلمان متحد ہو کر اپنی آواز بلند نہ کر سکیں۔ اور مسلمانوں کا نہ کوئی مرکز ہو نہ مشترکہ محاذ ہو۔

ان حالات میں مسلم پرسنل بورڈ کا فرض ہے کہ وہ چند بے باک مسلم قائدین (مثلاً اسد الدین اویسی، محمد ادیب اور شفیق الرحمن برق وغیرہ کو ساتھ لیکر یوپی کے سماج وادی پارٹی کے مسلم وزرا ارکان پارلیمان و مقننہ کو ساتھ لے کر ملائم سنگھ اور اکھلیس سنگھ سے مل کر مظفر نگر کیمپس حالات کو سدھارنے کا مطالبہ کریں اور ساتھ ہی ساتھ مرکزی حکومت پر کچھ عملی اقدامات فوراً کرنے کے لئے جارحانہ انداز میں زور ڈالیں اور روایتی مصلحت پسندی سے کام نہ لیں اور تمام مسلم دوست حقیقی سیکولر جماعتوں سے مل کر ان کو بھی اپنے مطالبات کا ہم نوا بنائیں۔

مظفر نگر کے حالات میں بہتری لانے کے لئے اگر ہم نے کچھ نہیں کیا تو تاریخ ہمیں معاف نہیں کرے گی۔ یوپی میں سماج وادی پارٹی کی حکومت پر فسادات یا مابعد فسادات راحت کاری اور باز آباد کاری کے کام نہ ہونے پناہ گزین کیمپوں کے بدترین حالات کی جتنی ذمہ داری سماج وادی پارٹی اور یوپی کی حکومت پر ہے اس سے زیادہ ذمہ داری یوپی کے مسلمان وزیروں اور ارکان مجالس قانون ساز پر بھی ہے اور اس سے زیادہ ذمہ داری ملک کے مسلم قائدین پر ہے جنہوں نے بیان بازی تو بہت کی لیکن ملائم اور اکھلیش سے آنکھ

میں آنکھ ڈال کر نہ بات کی اور نہ ہی فوری اقدامات کا مطالبہ ان سے مل کر کیا۔ بیان بازی بھی سیاست کا تقاضہ ضرور ہے لیکن بدترین حالات کا شکار مسلمانوں کی مدد اور ظالم کو ظلم سے روکنا اخوت اسلامی اور انسانیت کا تقاضہ ہے اور ہم یہی نہیں کر رہے ہیں۔

※ ※ ※

# ٹی وی چینلوں کے لیے ضابطۂ اخلاق کی ضرورت

ہمارے ٹی وی چینلز یا برقی ذرائع ابلاغ (الکٹرانک میڈیا) کی حکمت عملی اور طرز عمل اعتدال پسندی اور سلاست روی اور غیر جانبداری سے اس قدر دور ہو چکے ہیں کہ اب اگر ان پر گرفت نہیں کی گئی تو نہ صرف ملک کی بدنامی ہوگی بلکہ اصلاح کی گنجائش بھی نہیں رہے گی۔ ماضی میں شہنشاہوں اور بادشاہوں کے درباری شاعر اپنی خوشامد اور چاپلوسی سے بھرپور قصیدہ گوئی کیلئے نہ صرف بدنام تھے بلکہ حقارت کی نظروں سے دیکھے جاتے تھے ۔ ان قصیدہ گو شاعروں سے بدتر حال ہمارے ٹی وی چینلز کا ہے۔ یوں تو ہمارے تمام ٹی وی چینلز میں اعتدال تو غالباً شروع سے نہیں ہے اور ایک ہی معاملے پر ساری توجہ مرکوز کر دینے کی بھیڑ چال تو عرصہ سے چلی آ رہی ہے مثلاً کسی ریاستی وزیر کی کسی لڑکی سے وعدہ خلافی یا بے وفائی کا قصدہ اور متعلقہ افراد کے ردِ عمل اور بہت ساری متعلقہ اور غیر متعلقہ تفصیلات اور باتوں کا سلسلہ چلا ہی رہا۔ کسی چھوٹے بچے کے بورویل میں گر کر پھنس جانے کے واقعہ کو گھنٹوں نہیں بلکہ ایک دن ایک رات سے زیادہ تمام ٹی وی چینلز پر دکھایا جاتا رہا۔ اندھی مسابقت کی یہ بھیڑ چال نہ کبھی پسند کی گئی اور نہ ہی کی جا سکتی ہے۔

جس زمانے میں صرف اخبارات ہی ذرائع ابلاغ یا میڈیا کہلاتے تھے اور ریڈیو یعنی آکاش وانی یا آل انڈیا ریڈیو تو تھا ہی سرکاری، ہماری طرح بہتوں کو یاد ہے کہ ایک زمانے میں تقریباً (۶۵-۶۰) بلکہ (۴۵) سال قبل تک صرف آل انڈیا ریڈیو سے اہم مواقع پر تازہ ترین حالات کا پتہ چلتا تھا خاص طور پر ہند۔ پاک یا ہند چین جنگ وغیرہ کے مواقع پر ہندوستان اور پاکستان میں بی بی سی پر لوگ زیادہ بھروسہ کرتے تھے۔ بعض اخبارات اس وقت بھی ہندو مہاسبھا اور جن سنگھ کے حامی تھے تو "ہندو" اور "اسٹیس مین" اپنی غیر جانبداری کیلئے مشہور و ممتاز تھے لیکن جب ملکی اخبارات پر امریکہ و مغرب کے یہودیوں اور صیہونیوں کا اثر سنگھ پریوار کی وجہ سے بڑھا وہ یوں کہ جانبدار اخبارات کے مالکین سرمایہ دار اور صنعت کار سنگھ پریوار کے زیر اثر تھے لیکن پھر بھی صحافتی فضاء خاصی صحت مند تھے لیکن خانگی ٹی وی چینلز نے ذرائع ابلاغ کی دنیا ہی بدل دی۔ غیر جانبداری، جانبداری میں بدل گئی۔ خبروں کے معیار اور مستند ہونے کی کوئی اہمیت نہیں رہی بلکہ اپنی پسند کی غلط بے بنیاد، جانبدارانہ خبروں کو عوام پر مسلط کیا جانے لگا کیونکہ زیادہ تر قومی چینلز کے مالکین تاجر، سرمایہ دار اور صنعت کار (از قسم امبانی) ہیں اس لئے یہ سب چینلز زیادہ تر مغرب کے دیئے ہوئے رہنما خطوط پر کام کرتے ہیں مثلاً دہشت گردی میں مسلمانوں کو ہر حال میں ملوث بتانے کے لئے جھوٹی خبروں کی تشہیر اور مسلم دشمن پولیس اور ایجنسیوں کی دی ہوئی جھوٹی، بے بنیاد بلکہ نفرت پھیلانے والی خبروں کو دماغوں پر مسلط کرنا اسی لئے مسلمانوں کی دہشت گردی اور "انڈین مجاہدین" کو ٹی وی چینلز کی تخلیق قرار دینے والے کوئی اور نہیں پریس کونسل آف انڈیے کے صدر نشین جسٹس مار کنڈے کاٹجو ہیں۔ ٹی وی چینلز کا یہ حال سالوں سے ہے اکشر دھام مندر پر حملے کے مبینہ ملزموں کو سپریم کورٹ نے چھوڑ دیا تو یہ خبر رواروی میں کسی نے بیان کی اور کسی نے نظر

انداز ہی کر دیا لیکن حال ہی میں چند گرفتاریاں ہوئیں تو اس کے چرچے ہوتے رہے۔ مودی کے تذکروں کے علاوہ کوئی ذکر تھا تو وہ گرفتار شدہ دہشت گردوں کے بارے میں بے سر وپا داستانیں!

۲۰۱۴ء کے انتخابات سے بہت پہلے آر ایس ایس اور اس کے امریکی سرپرست، مشیر و مددگار صیہونیوں اور موساد وغیرہ نے اپنی مصلحتوں (جس میں مودی کی مسلم دشمنی اور سرمایہ داروں کو ہر طرح نوازنے، مراعات دینے کی پالیسی کو اولیت حاصل تھی۔ مودی کے پروپگنڈے اور تشہیر کے لئے خاص اہتمام کیا گیا امریکہ کی یہودی کمپنیوں اور فرمس نے لاکھوں بلکہ ملین ڈالر لے کر یہ کام بہ حسن وخوبی انجام دیا اس کی تفصیلات اخبارات میں آچکی ہیں۔ کانگریس والے اتنے احمق تھے کہ راہول گاندھی کی تشہیر کا کام اسی امریکی ادارے کو دے دیا جو مودی کی پبلسٹی کر رہی تھی۔ ہندوستان کے بیشتر اہم (وہ بھی مختلف زبانوں کے) ٹی وی چینلز کی خدمات اس طرح حاصل کی گئیں کہ آپ ہم سب سوائے مودی مودی کے اور کچھ سننے سے قاصر تھے۔ انتخابات میں لگتا تھا کہ تمام ٹی وی چینلز مودی کے (بی جے پی کے بھی نہیں) ذاتی اور شعبہ تشہیر کا حصہ ہیں اپنے اوقات اور تمام پروگرام کا اس طرح اشتہاری بنا دینا بے حد معیوب اور صحافتی اخلاق کے مغائر ہے۔ خیر انتخابات میں جو ہوا اور نتائج کے اعلان کے بعد تو مودی کی قصیدہ گوئی ختم ہونی چاہئے تھی اگر مودی کی جگہ راہول گاندھی یا کجریوال ہی وزیر اعظم بنتے تو بھی مستقلاً ان کے چرچے کا کوئی جواز نہ تھا دنیا میں کیا ہو رہا ہے؟ ملک میں کیا ہو رہا ہے؟ اس کی کوئی اہمیت نہیں تھی۔ ترنمول کانگریس، بیجو جنتا دل، جیہ للیتا، ٹی آر ایس کے چندر شیکھر کیرالا میں مسلم لیگ، آسام میں مولانا اجمل اور حیدرآباد میں مجلس اتحاد المسلمین کی کامیابیوں کا ذکر بھی برائے نام ہوا۔

ٹی وی چینل بلکہ تمام ذرائع ابلاغ کے لئے یہ بات قابل شرم ہے کہ برسراقتدار آنے والی جماعت کے کامیاب امیدواروں میں ایک بھی مسلمان کا نہ ہونا یا بی جے پی کی حلیف جماعتوں کے محاذ این ڈی اے کی جانب سے صرف ایک مسلمان امیدوار کا کامیاب ہونا اور لوک سبھا میں مسلمان امیدواروں کی تاریخی کم تعداد پر میڈیا نے کوئی توجہ نہیں دی۔ حد تو یہ ہے کہ مودی کی رسم حلف برداری کے دن ریلوے حادثہ میں زائد از (۴۰) افراد کی ہلاکت کو بھی سرسری انداز میں بیان کیا گیا جو کہ میڈیا کی بے حسی کی بہت بڑی مثال ہے۔ میڈیا کو اس سے بھی کوئی دلچسپی نہیں ہے کہ شائد مودی کی کابینہ ملک کی پہلی کابینہ ہے جس میں صرف ایک مسلمان وزیر ہے اور اس کو بھی غیر اہم محکمہ دیا گیا ہے۔ لگتا ہے کہ میڈیا کو مسلم مسائل اور مسلمانوں کے مفادات سے کوئی دلچسپی نہیں ہے۔ بی جے پی میں جو مسلمان ہیں خاص طور پر مختار نقوی، شاہنواز، نجمہ ہبت اللہ، ایم جے اکبر اور چند ضمیر فروش ہمدردان بی جے پی (ظفر سریش والا اور شاہد صدیقی) اور چند علماء جن کو نہ ہم مولانا لکھنا چاہتے ہیں اور نہ ہی ان کے نام لکھ کر اپنی اور آپ کی طبیعت کو مکدر کرنا چاہتے ہیں۔ مختلف مسالک اور علاقوں کے یہ مسلمان (نام نہاد) علماء میں قدر مشترک یہ ہے کہ یہ نہ مسلمانوں کے مفادات سے دلچسپی رکھتے ہیں اور مارے حماقت بھری شوبازی کے اردو میں انگریزی و ہندی الفاظ ملا کر بول کر پتہ نہیں کیا ظاہر کرنا چاہتے ہیں؟

مودی کابینہ میں اڈوانی اور مرلی منوہر جوشی کی عدم شمولیت کو کوئی اہمیت نہیں دی گئی اور نہ ہی جسونت سنگھ کو کسی نے یاد کیا۔ ہم کو اس پر اعتراض نہیں ہے کہ ٹی وی چینلز نے مودی کو بہت زیادہ اہمیت دی ہم کو اعتراض، دکھ و ملال اس بات پر ہے کہ دنیا کے سب سے بڑے جمہوری نظام میں جمہوریت کے چوتھے ستون یعنی میڈیا نے مودی سے

اور مودی کے چاہنے والے اداروں اور افراد سے ملنے والی بیش بہار قومات کی خاطر خود کو فروخت کر دیا اور لگتا ہے کہ مودی کو اپنے اقدامات کی تشہیر، تائید اور حمایت کی خاطر آنے والے دنوں میں بھی میڈیا کی ضرورت ہو گی اور میڈیا ملکی یا عوامی مفادات کو بالائے طاق رکھ کر حکومت یا مودی کی خوشامد، چاپلوسی اور قصیدہ گوئی میں مصروف رہے گا۔ اقلیتوں اور خاص طور پر مسلمانوں کو ٹی وی چینلز سے کوئی امید نہیں رکھنی چاہئے وہ تمام ٹی وی چینل (بہ شمول ای ٹی وی اردو) کو غیر جانبدار نظر نہیں آتا ہے اور اس سے بڑا حزنیہ یہ ہے کہ ٹی وی چینلز کی یہ بے راہ روی اور بے سمتی پر بہت کم اعتراض کیا جاتا ہے حد تو یہ ہے کہ اردو والے، ای ٹی وی کے بدلے ہوئے رویہ پر حسب روایت خاموش ہیں۔

\* \* \*

# ۲۰۱۴ء کے انتخابات کے چند منفی پہلو

یہ سطور ۱۶/ مئی ۲۰۱۴ء یعنی نتائج کے سرکاری اعلان سے قبل لکھی جارہی ہیں اور جب آپ ان سطور کا مطالعہ کررہے ہوں گے تو اس وقت تک لوک سبھا کی تمام (۵۴۳) نشستوں کے نتائج کا اعلان ہوچکا ہوگا۔ آج کل تو تمام ٹی وی چینلز مودی سے حاصل کردہ کروڑوں روپیوں کا حق نمک ادا کرنے کے لئے "ایگزٹ" پول کے نام سے بتائے جانے والے نتائج کو بی جے پی کے لئے انتہائی خوش گوار اور دل خوش کن بتارہے ہیں لیکن ہم اس نام نہاد اگزٹ پول کے نتائج پر ذرا سی بھی توجہ دیئے بغیر ان سطور کو رقم کررہے ہیں۔ ہمارا آج کا موضوع سخن انتخابات کے نتائج ہے ہی نہیں ہم تو ان انتخابات کی چند خاص باتیں پیش کررہے ہیں جو کھل کر سامنے آئی ہیں۔

ان انتخابات پر ایک نظر ڈالیں تو جو پہلی بات سامنے آتی ہے وہ یہ ہے کہ یہ انتخابات تاریخ کے سب سے مہنگے انتخابات ہیں نہ صرف حکومت کا خرچ آج تک ہوئے ہر انتخاب کے خرچ سے زیادہ ہے بلکہ بی جے پی نے اربوں کی رقم خرچ کرکے انتخابی اخراجات کے تمام ریکارڈ توڑ ڈالے۔ خرچ کے بعد دوسری اہم بات یہ ہے کہ ان انتخابات میں کے (۹۰٪) ذرائع ابلاغ (خاص طور پر ٹی وی چینلز) نے بی جے پی بلکہ مودی کی خاطر خود کو فروخت کرکے اپنی ساکھ اپنا وقار اور اعتبار کھودیا ہے۔ ایک اور اہم بات یہ ہے کہ یہ انتخاب ملک و قوم کی بہتری کے موضوعات، ترقی اور خوشحالی کے منصوبوں پر نہیں لڑا گیا

بلکہ صرف ایک بدنام زمانہ فرد مودی کو وزیر اعظم بنانے یا اس کو روکنے کی خاطر لڑا گیا۔ گو کہ اسے فرقہ پرستوں اور سیکولرازم کی معرکہ آرائی کہا جاتا رہا ہے لیکن یہ دراصل فرقہ پرستوں اور خود کو سیکولر کہنے والوں کے درمیان اقتدار کی جنگ تھی۔ اس الیکشن میں الیکشن کمیشن کی کارکردگی غیر معیاری اور غیر جانبدارانہ اور انتہائی مشکوک رہی ہے۔

حکومت نے انتخابات کے انعقاد پر اس بار جملہ (۳۴۲۶) کروڑ روپے خرچ کئے ہیں جبکہ ۲۰۰۹ء میں (۱۴۸۳) کروڑ روپے خرچ کئے تھے گویا اس بار خرچ میں (۱۳۱٪) اضافہ ہوا ہے۔ دوسری طرف بی جے پی نے انتخابی مہم پر پیسہ پانی کی طرح بہایا ہے۔ انتخابی قوانین میں ایک اہم خامی یہ ہے کہ پارلیمانی انتخابات میں ہر امیدوار زیادہ سے زیادہ ۷۰ لاکھ خرچ کر سکتا ہے لیکن کسی پارٹی کے لئے خرچ کی کوئی حد نہیں ہے۔ اس لئے ہر امیدوار اپنا خرچ پارٹی کے کھاتے میں ڈال دیتا ہے۔

یہی نریندر مودی کر رہے ہیں۔ جنہوں نے اپنی انتخابی مہم پر کم از کم (۵) پانچ ہزار کروڑ روپے خرچ کئے ہیں۔ مودی نے اپنی مہم کے دوران (۴۰۰) سے زیادہ ریلیز کی ہیں اور ہر بڑی ریئلی پر کم از کم (۱۰ تا ۱۲) کروڑ کا خرچ لازمی ہے اور چھوٹی ریئلی پر بھی (۸ تا ۱۰) کروڑ کا خرچ لازمی ہے۔ ریلیز کے علاوہ ٹی وی چینلز پر اشتہارات (بہ شمول اشتہاری Paid خبریں اور مذاکرات، رپورٹس (بہ شمول سروے رپورٹس) وغیرہ رضاکاروں کو دیا جانے والا معاوضہ، ہیلی کاپٹر اور خصوصی طیاروں کا خرچ، کارکنوں کا کھانا پینا اور سواری خرچ نیز پارٹی کا اپنا سیکوریٹی انتظام وغیرہ اور کئی دیگر اور متفرق اخراجات پر بھی کروڑوں بی جے پی نے خرچ کئے ہیں۔

اس طرح بی جے پی نے ہزاروں کروڑ خرچ کئے ہیں گو کہ کانگریس نے بھی کئی ہزار کروڑ خرچ کئے ہیں لیکن بی جے پی کے اخراجات اور تمام پارٹیوں (بہ شمول

کانگریس) کے جملہ خرچ میں کوئی تناسب و تقابل نہیں ہے) ان انتخابات سے ثابت ہو گیا ہے کہ انتخاب صرف اور سرف بڑے سرمایہ داری ہی لڑ سکتے ہیں اب جمہوریت کی تعریف میں "عوام" کی جگہ "سرمایہ دار" رکھ کر کہنا ہوگا "سرمایہ داروں کی حکومت، سرمایہ داروں کے ذریعہ اور سرمایہ داروں کے واسطے"۔

جیسا کہ ہم نے کئی بار لکھا ہے کہ مودی کی انتخابی مہم میں جس طرح ٹی وی چینلز اور اخبارات نے اپنے آپ کو مودی کے لئے وقف کر دیا تھا ظاہر ہے کہ یہ غیر معمولی مودی نوازی ذرائع ابلاغ نے مفت تو نہیں کی ہوگی طباعتی (Print) میڈیا کے تو کم لیکن برقی ذرائع ابلاغ (ٹی وی چینلز) کے معروف، ممتاز اور محترم مانے جانے والے ٹی وی چینلز اور ٹی وی کے صحافیوں، میزبانوں اور ٹی وی پروگراموں کے شرکاء نے خود کو محترم سے غیر محترم کرنے کے لئے مودی کے بھونپو بن گئے خاص طور پر این ڈی ٹی وی، زی ٹی وی، آج تک، ہیڈلائنس ٹوڈے (Head Lines Today) اور سی این این آئی بی این نے بہت زیادہ مایوس کیا۔

مودی کی تائید و تشہیر میں انہوں نے عزت و ساکھ تو دور رہی معیار کو تک عامیانہ بلکہ چھچھورا بنا ڈالا۔ اس سے زیادہ افسوس ناک بات تو ای ٹی وی اردو کی روش تھی۔ مالکانہ حقوق کی تبدیلی سے ای ٹی وی اردو کا نہ صرف "بندی کرن" ہوا بلکہ مودی یا بھاجپا کرن بھی ہو گیا۔

اردو کے عمائدین واکابرین کا فرض ہے کہ وہ ای ٹی وی اردو کے "ہندی کرن" پر شدید اعتراض کرنا چاہئے۔ ٹی وی چینلز کی بے شرمی کی انتہاء یہ ہے کہ آج کل نتیجوں کے اعلان سے قبل اگزٹ پول کے نتائج پر ٹی وی والوں کی تائید ہی نہیں بلکہ تعریف و تحسین کرنے والے سامنے لائے جا رہے ہیں۔ اگر یہ (اللہ نہ کرے) صحیح بھی ثابت ہوں تو چینلز

کے اندازوں کے بارے میں اپنے منہ مٹھو بن جانا بھی ناشائستہ رویہ ہے مختصر یہ کہ مودی کی دولت نے ذرائع ابلاغ کی عزت اور وقار تباہ کر دیا!۔ ٹی وی چینلز کو اپنی عزت بحال کرنے میں اب خاصہ وقت لگے گا۔

ہماری طرح ۱۹۵۷ء اور ۱۹۶۲ء میں ہوئے انتخابات دیکھنے والے (بھلے ہی ووٹ نہ دیا ہو) آج بھی بہت ہیں۔ اسی طرح اندرا گاندھی کے انتخابات بھی ہم نے دیکھے ہیں لیکن کسی الیکشن بھی نہرو اور اندرا کا چرچا کانگریس سے زیادہ نہ تھا اور تو اور ۲۰۰۴ء میں مودی سے بہت زیادہ مشہور و مقبول اور مودی سے سینکڑوں گنا زیادہ محترم واجپائی کے نام کے بھی اتنے ڈنکے نہیں بجے ہوں گے۔ جتنے ڈنگے مودی کے بجائے گئے۔ لگتا تھا کہ انتخابات کا جھمیلا جمہوریت کی خاطر نہیں صرف اور صڑف مودی کو وزیر اعظم بنانے کے لئے ہو رہا ہے۔ بی جے پی بحیثیت پارٹی، آر ایس ایس کا " نظریہ ہندوتوا" اور بی جے پی کا منشور سب پس پردہ چلے گئے تھے اور مودی کا ذکر سنتے سنتے اور اس کی تصویر دیکھ دیکھ کر مودی کے چاہنے والے بھی بیزار اور تنگ آ گئے تھے۔ حد تو یہ ہے کہ بی جے پی کا منشور بھی رائے دہی شروع ہونے کے بعد جاری کیا گیا۔

اس الیکشن میں عوامی مسائل، پارٹی کا پروگرام اور منصوبے کا چرچا بہت ہوا۔ بی جے پی کے بھونپو "اب کی بار مودی سرکار" چلاتے رہے لیکن یہ نہیں بتایا گیا کہ کیوں اور کس لئے مودی سرکار؟ ان سے کسی نے باضابطہ پوچھا تک نہیں گیا۔ مودی کو انٹرویو دینے سے الرجک تھے (صرف انتخابی مہم کے آخری دنوں میں مودی اور میڈیا میں ان کے غلاموں نے انٹرویو کا ڈرامہ ضرور رچایا اور یہ انٹرویو بھی ایسے تھے کہ انٹرویو کرنے والے صحافیوں کو یہ بالکل اجازت نہ تھی کہ وہ کوئی ایسا سوال جس کی مودی نے اجازت نہ دی ہو انڈیا ٹی وی کے نقوی صاحب نے رجت شرما کو ایسا ہی Fixed فکسڈ انٹرویو مودی سے لینے پر

مستعفی ہونا بہتر سمجھا۔

انٹرویو کا فکسڈ ہونا انٹرویو کی ہی نہیں بلکہ انٹرویو لینے والے صحافی اور صحافت کی توہین ہے ہم نے بھی اہم وغیر اہم بااخلاق اور خردماغ ومغرور لوگوں کے انٹرویو لئے ہیں کئی اصحاب بعض سوالات کا جواب دینا فرض نہیں سمجھتے ہیں لیکن ایسا ہمارے ساتھ کیا کسی صحافی کے ساتھ نہیں ہوا کہ کسی صحافی کو کوئی سوال کرنے اجازت انٹریو دینے والے سے صرف وہی پوچھا جائے جو مودی چاہتے ہوں بلکہ گجرات ۲۰۰۲ء کے فساد کا ذکر ہی نہ کیا جائے۔ مودی کی تمام انتخابی تقاریر کا موضوع سخن کانگریس، راہول وسونیا گاندھی کی برائیاں رہا تھا۔ مودی یا بی جے پی نے اپنا پروگرام پیش نہیں کیا ملک کو درپیش مسائل کے حل کا طریقہ کار پیش نہیں کیا گیا۔ حد تو یہ ہے کہ بی جے پی نے اپنا منشور بے حد تاخیر سے پیش کیا رائے دہی کے پہلے دن جاری کیا گویا مودی کی تقاریر ہی بی جے پی کا منشور تھیں اور مودی صرف اس گجرات ماڈل کا راگ الاپتے رہے جو درحقیقت ویسا ہے ہی نہیں جیسا کہ کہا جاتا ہے۔ اس گجرات ماحول کے حقائق کو کجریوال نے ظاہر کئے تھے۔

عام طور پر ہر انتخاب میں الیکشن کمیشن کا رویہ بے حد غیر جانبدارانہ اور صاف و شفاف ہوتا ہے لیکن ۲۰۱۴ء میں الیکشن کمیشن کا رویہ زیادہ تر مودی اور بھاجپا کے حق میں رہا۔ حد تو یہ ہے کہ ٹی وی چینلز کے ذریعہ الیکشن کمیشن کے ضوابط اخلاق کی دھجیاں اڑائی گئیں اور الیکشن کمیشن اسی طرح خاموش رہا جس طرح فسادیوں کے ہاتھوں مسلمانوں کی قتل وغارت گری کے موقع پر ہماری پولیس خاموش رہتی ہے۔

عمران مسعود اور اعظم خان کے معاملات میں الیکشن کمیشن کا رویہ بے حد سخت ہی نہیں بلکہ جانبدارانہ تھا اور ان کے خلاف کارروائی کرنے میں بڑی ہی مستعدی بتائی گئی حالانکہ عمران مسعود کا معاملہ انتخابی ضابطہ اخلاق سے نفاذ سے قبل کا تھا اور یوپی کی دیہاتی

بولی کی وجہ سے عمران مسعود کی بات بظاہر جارحانہ نظر آتی تھی اس کے برخلاف عمران مسعود کے جواب میں وزیر اعلیٰ راجستھان وسندھرا راجے سندھیا کا بیان تو حد درجہ جارحانہ تھا بلکہ انہوں نے عمران مسعود کے جواب میں علانیہ دھمکی دی تھی کہ الیکشن کا نتیجہ آنے کے بعد معلوم ہوگا کون کس کے ٹکرے کرتا ہے؟

اسی طرح بھاؤنگر (گجرات) میں توگاڑیا کا بیان پر بھی الیکشن کمیشن کی بے عملی اور خاموشی حیرت انگیز ہے۔ ضابطہ اخلاق کے نفاذ کے باوجود اور بدلہ لینے کی اشتعال انگیز تقریر پر تو امید شاہ کو یوپی سے ہی "ناپسندیدہ" قرار دے کر نکال باہر کرنا چاہئے تھا لیکن معافی مانگنے پر ان کو معاف کرکے اعظم گڑھ کے علمی وادبی شہر کو دہشت گردی کا مرکز قرار دینے کے بیان کے باوجود خاموشی جانبداری اور ناانصافی کی بدترین مثال ہے۔

وارانا سی میں مودی کو ریالی کی اجازت نہ دینے والے اعلیٰ افسر پر الیکشن کمشنر ایچ ایس برہما کی تنقید سے ظاہر ہے کہ الیکشن کمیشن کے کمشنر ایچ ایس برہما کی تنقید سے ظاہر ہے کہ الیکشن کمیشن کے ممبران کی ذہنیت کیسی ہے؟ انتخابی تشہیر کا کام ٹی وی کے ذریعہ مودی ممنوعہ ایام میں کرتے رہے۔ بڑودہ میں کنول کا پھول یا بی جے پی کا نشان ہاتھ میں لے کر تقریر کرنے (وہ بھی ووٹ ڈالنے کے بعد پولنگ بوتھ کے قریب) یا فیض آباد میں رام مندر اور لارڈ رام چندر کی تصاویر اور ماڈل کو اسٹیج پر سجاکر مودی کی تقریر پر الیکشن کمیشن کی خاموشی ظاہر کرتی ہے کہ الیکشن کمیشن کو قواعد ضوابط سے زیادہ آر ایس ایس کے احکام یا ہدایات کی پابندی کی فکر تھی۔

الیکشن کمیشن کی نااہلی اسی سے ظاہر ہے کہ انتخابی عمل بے حد طویل رکھا گیا اور لاکھوں حقیقی ووٹرس ووٹ دینے سے محروم رہے اور ۱۳سو زیادہ جرائم میں ملوث افراد کو انتخاب لڑنے کی اجازت دی گئی۔ پولنگ بوتھس پر الیکشن کمیشن کے کارکنوں کو اکثر جگہ

بنیادی سہولیات فراہم نہیں کی گئیں۔ای وی ایم EVM مشینوں کی بھاری تعداد میں خرابی سے شبہ ہوتا ہے کہ ان مشینوں کا ناجائز استعمال ممکن ہے۔ الیکشن کمیشن کے رویہ کے سبب یہ شبہات مزید تقویت پاتے ہیں۔

یہ تھا ۲۰۱۴ء کے انتخابات کا مختصر احوال جس کے نتائج کا علم آپ کو ہو چکا ہے۔ الیکشن کے نظام کی کئی خرابیاں فوری اصلاح کی محتاج ہیں۔ خاص طور پر ای وی ایم مشینوں کا استعمال اور الیکشن کمیشن کو مزید غیر جانبدار اور فعال بنانا بھی ضروری ہے۔

٭ ٭ ٭

# اردو اخبارات میں گستاخانہ خاکوں کی اشاعت کا ظلم

اردو کے صحافی ہونے پر ہم کو ہمیشہ فخر رہا ہے لیکن آج نہ صرف ہمارا فخر متزلزل ہی نہیں بلکہ آج خود کو اردو کا صحافی کہنے پر ہم کو شرم و ندامت محسوس ہوتی ہے اور یہ خوف لگا رہتا ہے کہ کہیں ہم سے کوئی یہ سوال نہ کر لے کہ آپ چارلی ایبڈو نامی رسالہ اور اس کے لعنتی مشمولات پر کب (نعوذ باللہ) تعزیتی تبصرہ لکھ رہے ہو؟ اس کی ذلیل حرکات کا دفاع کب کر رہے ہو؟ اردو کے دو اخبارات (اودھ نامہ اور عزیز الہند میں گستاخانہ کارٹون کی اشاعت کی وجہ سے یہ خیال پیدا ہوا۔ پیرس کے رسالے چارلی ایبڈو میں شائع ہوئے اللہ کے رسول صلعم کی شان میں گستاخی کی کوشش کے سلسلے میں بنائے گئے کارٹون کی دوبارہ اشاعت کی وجہ سے پیدا ہوا۔ ملک کے کئی شہروں سے شائع ہونے والے روزنامہ ''اودھ نامہ'' کے ممبئی ایڈیشن کی مدیرہ شیریں دلوی پر پتہ نہیں خود کو ذلالت اور غلاظت کی پستیوں میں گرانے کا کیا شوق تھا کہ چارلی ایبڈو کے کارٹون کے شائع کرکے نہ صرف خود کو بلکہ اپنے اخبار، اردو اخبارات اور پوری اردو صحافت کو ذلیل و خوار کر ڈالا اور یہی کام دہلی کے روزنامے عزیز الہند کے مدیر عزیز برنی غالباً اس سے ایک دو دن قبل کرکے اپنی بلند قامتی کو کوتاہ قامتی میں تبدیل کر چکے تھے۔

راقم الحروف عام طور پر واقعات سے متعلق اصحاب کے نام لکھنے سے گریز کرتا ہے لیکن اس بار قارئین کو بتانے کے لئے امت کے یہ گناہ گار کون ہیں ان کے نام ہم نے لکھے ہیں گو کہ اخبارات میں معذرت نامے شائع ہوئے ہیں لیکن یہ قابل قبول نہیں ہیں کہ عذر گناہ بدتر از گنا۔ والی بات ہے یہ لوگ معاف کئے جانے کے نہیں سزا دیئے جانے کے مستحق ہیں۔

عزیزالہند کے عزیز برنی جیسے کہنہ مشق اور جید صحافی کے تعلق سے یہ قیاس نہیں کیا جاسکتا ہے کہ ان سے کوئی غلطی نادانستگی میں ہو سکتی ہے جبکہ اودھ نامہ کی شیریں دلوی کے بارے میں یہ حقیقت سامنے آچکی ہے کہ محترمہ نے اس معاملہ پر اپنے ساتھیوں کی مخالفت کو یہ کہہ کر مسترد کر دیا کہ ہم کو روشن خیال اور فراخ دل ہونا چاہئے۔

نادانستگی سے یا سہواً کئی غیر اہم غیر معروف بات یا واقعہ شائع ہو سکتا ہے لیکن چارلی ایبڈو کے حوالے سے کسی ناقابل اشاعت اور حساس قسم کا دل آزار مواد کا نادانستگی میں شائع ہونا قطعی طور پر ناقابل فہم، ناقابل یقین اور ناقابل قبول ہے۔ ایسی غلطی تو ناتجربہ کار صحافی بھی نہیں کر سکتا ہے تو کجا چیف ایڈیٹر یہ غلطی کرے جو بھی صحافی یہ غلطی کرتا ہے وہ معذرت کا نہیں سزا کا مستحق ہے ایسے لوگوں کو صحافت سے ہی الگ ہو جانا چاہئے۔

شیریں دلوی یا عزیز برنی دونوں کے بارے میں یہ شبہ کیا جائے تو غلط نہ ہو گا کہ ان دونوں نے دشمنان اسلام کے کہنے پر یا کسی اور قابل مذمت مقصد سے یہ ذلیل اقدام کیا ہے۔ کسی زمانے میں صحافت میں کرپشن اور زر خرید ہونے کا تصور نہ تھا۔ صحافی ٹوٹ جاتے تھے لچک نہیں دکھاتے تھے۔ اصولوں کی خاطر روزگار تک قربان کر سکتے تھے لیکن آج تو وہ زمانہ ہے کہ "ہر چیز بکتی ہے قیمت لگانے والا چاہئے" چارلی ایبڈو جیسے رسالوں کے ناشرین مغرب کی اسلام دشمن طاقتیں، عالمی صیہونی تحریک اور اسرائیل یا موساد

سب کے مقاصد ایک ہیں۔ اسلام، مسلمانوں اور پیغمبر اسلام صلعم کے خلاف پروپگنڈے کے لئے ان عناصر کے پاس مال وزر کی کوئی کمی نہیں ہے۔ مسلمان رشدی، تسلیمہ نسرین اور ملالہ یوسف زئی سب ان ہی اسلام دشمن عناصر کے پروردہ ہی نہیں بلکہ زیر کفالت Sponsored ہیں اور ایسے افراد جو قابل خرید ہوں ان کی تلاش رہتی ہے۔

عزیز برنی بے شک اپنی بے باک تحریروں اور ٹی وی مباحثوں میں بے باکی کے لئے مشہور ہیں ان کی بعض اچھی تحریروں کے مداحوں کی تعداد بہت زیادہ ہے۔ مسلم مفادات اور نقطہ نظر کو بلاشبہ انہوں نے بڑی بے جگری سے پیش کیا ہے لیکن اس کے ساتھ ہی ان کی بعض باتیں متنازعہ اور مشتبہ رہی ہیں جو ان کی شخصیت اور کردار کو مشتبہ اور مشکوک بناتی ہے۔ عزیز برنی کے اسرائیل سے ایسے تعلقات رہے ہیں کہ چند سال قبل اپنے ماتحت صحافیوں اور چند زر خرید مولویوں کے وفد کو اسرائیل کے خیر سگالی دورہ پر برنی صاحب نے بجھوایا تھا خود بھی جانے والے تھے مگر نہ جانے کیوں نہیں گئے۔ برنی صاحب نے آر ایس ایس کے خوف سے اس سے معذرت خواہی بھی کی ہے ان کے کردار کے منفی پہلو ان کے کردار کے مثبت پہلوؤں پر غالب ہیں۔ رہیں شیریں دلوی تو شائد انہوں نے خود کو خبروں میں نمایاں کرنے کے لئے اور شہرت حاصل کرنے کے لئے غلاظت کا ٹوکرا اپنے سر پر انڈیل لیا ہے۔

ان کارٹونوں کی اشاعت کے چند واہیات اور بے جواز مقاصد کا ذکر کارٹون شائع کرنے والی خاتون شیریں دلوی اور دوسروں نے کیا ہے۔ کہا جارہا ہے کہ اظہار خیال کی آزادی کا احترام ہے تو سوال یہ ہے کہ اپنے ملک کا کوئی بندہ کچھ کہے تو بے شک اس کا احترام کریں (جس طرح سنگھ پریوار کی ہرزہ سرائی کو مسلمان برداشت کررہے ہیں) فرانس والوں سے محترمہ دلوی اور محترم برنی صاحب کا کیا تعلق ہے؟ جو ان کے اظہار

خیال کی آزادی کا آپ احترام کر رہے ہیں؟ دوسرا مقصد روشن خیالی اور فراخ دلی کی ضرورت ہے۔ کوئی بتائے کہ یہ کیسی روشن خیالی اور فراخ دلی ہے کہ اپنی توہین نہ صرف برداشت کی جائے بلکہ خود ہی اس کی تشہیر کی جائے اگر کوئی کسی کو بے عزت کرے تو خاموشی اختیار کرنے کا تو جواز ہو سکتا ہے لیکن اپنی ہی بے عزتی اور توہین کی تشہیر کرتے ہوئے شائد ہی کسی نے دیکھا ہو یا سنا ہو یہ تو یہ ثابت کرتا ہے کہ جو رسول اکرم صلعم کی ذات مقدس سے خود کو لاتعلق سمجھنے والا ہی ہمارے پیارے نبی کی شان میں گستاخی کی ناپاک کوشش کو اپنی ذات سے علاحدہ تصور کرے گا جب کوئی کسی سے کوئی تعلق ہی نہ سمجھے تو وہ کچھ بھی کر سکتا ہے یا کسی بھی حد تک جاکر اس کو روشن خیالی، فراخ دلی، صبر و تحمل اور جدید دور کے ترقی پسند نظریات پر عمل کہہ سکتا ہے لیکن یہ تب ہی ممکن ہے کہ جب برنی صاحب اور دلوی صاحبہ خود کے مسلمان ہونے سے انکار کر دیں لیکن اللہ کے کرم سے کوئی ایسی بات نہیں ہے لہٰذا سرکار دو عالم صلعم کی ذات کے تعلق سے چارلی ایبڈو کی ذلیل حرکات کے دفاع کے لئے ترقی پسندی، فراخ دلی، روشن خیالی، لبرل ہونے اور اظہار خیال کی آزادی کے ہتھیار کام نہیں آسکتے ہیں۔ اس لئے اس ناقابل معافی جرم کا ازالہ معذرت خواہی نہیں ہے بلکہ قانون کے مطابق سزا برداشت کرنا ہے اور توبہ و استغفار ہے۔

اودھ نامہ کے خلاف مہاراشٹرا کے عوام، پولیس اور صحافت نے اپنا فرض ادا کیا ہے لیکن اس جرم کے ذمہ داروں کو سزا ملنی ضروری ہے اور سزا بھی سخت ہونی چاہئے۔

دوسری طرف برنی صاحب کی حرکت پر دلی میں انتخابات سرگرمیوں کی وجہ سے اور شائد کچھ اس وجہ سے کہ دہلی میں عزیز الہند زیادہ پڑھیا نہیں جاتا ہے کوئی سخت ردِ عمل سامنے نہیں آیا لیکن مغربی یوپی کے اضلاع میں شدید ردِ عمل سامنے آیا لیکن جو رد

عمل سامنے آیا ہے وہ خاصہ ہلکا ہے۔ اس وقت ضرورت اس بات کی ہے کہ مسلمان وکیل سامنے آئیں بہ یک وقت کئی تھانوں میں ایف آئی آر درج کروانا چاہئے اور مقدمہ کی تیاریاں کرنی چاہئے تاکہ پولیس یا استغاثہ کمزور مقدمہ نہ بنائے اودھ نامہ ہو یا عزیز الہند دونوں اخبارات کا بائیکاٹ ضروری ہے۔ ان دونوں اخباروں کو خریدنا اور اشتہار دینا فوراً بند کر دینا چاہئے۔ ایک اور اہم بات یہ ہے کہ ان بے ضمیر اور خوشامدی علماء، مسلمان لیڈروں اور دانشوروں کی غیرت کو کیا ہوا جو ٹی وی پر اعظم خان، اسد الدین اویسی، اکبر الدین اویسی اور کسی بھی حق گو مسلمان کی مذمت ٹی وی والوں کو خوش کرنے کے لئے کر سکتے ہیں مگر ناموس رسالتؐ پر ایک لفظ نہیں کہہ سکے۔ کسی اخبار میں بیان تک نہیں دیا گیا ان صاحبان کو بھی خدا کا خوف نہیں رہا ہے۔

***

# وزیر اعظم کے عہدہ کیلئے مودی کی امیدواری؟

نریندر مودی وزیر اعظم تو انشاء اللہ نہیں بن سکیں گے لیکن وزارت عظمیٰ کے عہدہ کے امیدوار بن کر انہوں نے وزارت عظمیٰ کے عہدہ کی توہین کا جو سلسلہ شروع کیا ہے وہ پتہ نہیں کہاں تک پہنچے؟ وہ آج کل جس قسم کی باتیں اور حرکتیں کر رہے ہیں وہ اس محترم عہدے کے طلب گار کو زیب نہیں دیتی ہیں۔ پارلیمانی انتخابات میں حالانکہ ابھی چند ماہ ہیں لیکن مودی ایسی سرگرمی دکھا رہے ہیں کہ جیسے چند دن بعد ہی رائے دہی ہونے والی ہے بلکہ کہنے والے تو یہاں تک کہتے ہیں کہ وہ ابھی سے خود کو زیر اعظم تصور کر رہے ہیں۔

الیکشن کمیشن انتخابات لڑنے والے امیدواروں کے انتخابی اخراجات کی حد مقرر کرتا ہے اور عام طور پر کبھی سختی سے اور کبھی نرمی سے ان پر نظر رکھتا ہے لیکن انتخابی اخراجات کا حساب کتاب انتخابات کے اعلان کے بعد امیدوار کے پرچہ نامزدگی کی منظوری کے بعد شروع ہوتا ہے۔ اگر انتخابات کے اعلان یا ضابطہ اخلاق کے نفاذ سے انتخابات میں حصہ لینے والا امیدوار اپنی تشہیر اور پروپگنڈے کے لئے جو خرچ کرتا ہے اس پر سوال نہیں اٹھتا ہے۔ کئی ریاستیں حکومتیں اپنی حکومت کے کاموں کی تشہیر کے

نام سے دراصل اپنی پارٹی اور وزیر اعلیٰ اور وزیروں کی پبلسٹی کرتی ہیں۔ آج کل اس معاملہ میں راجستھان اور مدھیہ پردیش کی حکومتیں سب سے آگے ہیں اور آج کل نریندر مودی نے بھی اپنی پبلسٹی سردار پٹیل کے مجسمہ کے بہانے کررہے ہیں۔ نریندر مودی نے تو اپنی پبلسٹی اور پروپگنڈہ اپنے وزارت عظمیٰ کے امیدوار نامزد کئے جانے سے قبل سے ہی شروع کردیا تھا۔ ذرائع ابلاغ کے تمام ذرائع ٹی وی، اخبارات اور ویڈیو، انٹرنیٹ اور ایف ایم ریڈیو اسٹیشنوں کے دھڑلے سے استعمال ہورہا ہے۔ جیسا کہ ان ہی کاموں میں ہم لکھ چکے ہیں امریکہ کی مشہور یہودی پبلسٹی فرم (APCO World Wide) (اے پی سی او ورلڈ وائڈ) نے نریندر مودی کو وزیر اعظم بنانے کے لئے نہ صرف ان کی تشہیر اور پروپگنڈے کا بلکہ ان کے لئے رائے عامہ ہموار کرنے کا بھی ٹھیکہ لے رکھا ہے جس کے لئے اس امریکی فرم کو کروڑوں ڈالر ادا کئے جارہے ہیں۔ سوال یہ ہے کہ یہ بیش بہا اخراجات آخر کس کھاتے میں جائیں گے؟ کیا ان کو مودی کے انتخابی اخراجات میں شامل نہیں کیا جائے گا؟

آج کل تو مودی نے خبروں کو ہی نہیں بلکہ کئی ٹی وی چینلز کے بیشتر پروگرام ہی مودی کے اشتہار نظر آتے ہیں۔ صدر جمہوریہ یا وزیر اعظم کی سرکاری یا غیر سرکاری تقاریب کا راست ٹیلی کاسٹ ہو یا نہ ہو مودی کی تقریر راست Live دکھانے کے لئے ٹی وی چینلز اپنے پروگرام روک دیتے ہیں۔ گزشتہ دو پارلیمانی انتخابات میں اٹل بہاری واجپائی، سونیا گاندھی، اڈوانی اور منموہن سنگھ میں سے کسی کو بھی بہ حیثیت امیدوار برائے عہدہ وزیر اعظم، کسی ایک ٹی وی چینل پر بھی اتنی اہمیت، اتنا وقت Coverage ملتے نہیں دیکھا گیا ہوگا جتنا وقت تمام چینلز آج کل نریندر مودی کو دے رہے ہیں۔ واضح رہے کہ تقریباً تمام ٹی وی چینلز تجارتی ہیں ان میں سے بیشتر بھلے ہی سنگھ پریوار کے زیر

اٹھ رہے ہیں لیکن سنگھ پریوار کی خاطر مودی کی اتنی زبردست پبلسٹی مفت میں نہیں کی جا سکتی ہے۔ کیا اس قدر ناقابل قیاس اخراجات کی اجازت دے کر الیکشن کمیشن ناانصافی، قواعد کی خلاف ورزی، مودی سے جانبداری اور ناجائز رعایتیں دینے کا مرتکب نہیں ہو رہا ہے؟ سارے نظام کا از سر نو جائزہ لینا ضروری ہے۔

مودی جیسی متنازع شخصیت کی حفاظت یا سلامتی (سیکوریٹی) پر حکومتوں کو زبردست انتظامات کرنے پڑ رہے ہیں۔ جس کی وجہ سے عوامی خزانے پر بہت زیادہ بار پڑ رہا ہے۔ سوال یہ ہے کہ کیا یہ طوفانی انتخابی دورے، سفر، جلسے، ریالیز اور بھاگ دوڑ کیا یہ نریندر مودی عوام کی کسی ضرورت، عوامی مفادات یا سرکاری خدمات اور ضرورت کے لئے کر رہے ہیں؟ اس سوال کا جواب بے شک نفی مین ہے۔ ہاں انتخابات کا اعلان ہو چکا ہو تاتب بے شک تمام امیدواروں کے لئے اس قسم کے انتظامات سرکاری خزانے سے کئے جا سکتے ہیں لیکن انتخابات کے باضابطہ اعلان سے قبل اگر کوئی متوقع امیدوار یا پارٹی اپنی مہم شروع کر دے تو امیدوار نہ اپنے سرکاری عہدے کا فائدہ اٹھانے کا مستحق ہے اور نہ ہی مرکزی یا ریاستی حکومتوں پر ان اخراجات کی ذمہ داری ہے جو آج کل مودی پر کئے جا رہے ہیں۔ حکومتوں وزیروں بلکہ وزیر اعظم کو تک بے ایمان، چور، بددیانت اور ”کرپٹیڈCorupted یا بھرشٹ“ کہنے والے خود مودی اور بی جے پی اس طرح کونسی ایمانداری کر رہے ہیں؟ اپنی انتخابی مہم پر بہ حیثیت وزیر اعلیٰ گجرات مودی گجراتی حکومت کے خزانے پر ناجائز، ناروا بوجھ ڈال کر بے ایمانی کر رہے ہیں اور دوسری ریاستوں پر بھی ناجائز بوجھ ڈال رہے ہیں۔ اپنے سفر کے لئے طیاروں، ہیلی کاپٹروں کے اخراجات کے ساتھ گجرات پولیس کے ایک ہزار افراد کو گجرات سے بہار لے جانے کا ان کو کیا حق ہے؟ اس کا خرچ کیا مودی یا بی جے پی دے رہی ہے؟ ظاہر ہے کہ نہیں۔

مودی کا اپنی انتخابی مہم کیلئے اس قدر زبردست اخراجات سرکاری خزانے سے کروانا صریحاً بے ایمانی ہے یعنی وزیر اعظم کے عہدہ کا امیدوار بن کر جو شخص اس قدر بددیانتی، بے ایمانی اور لوٹ مار کرے کیا وہ اس عہدہ جلیلہ کا مستحق ہے؟

نریندر مودی کی تقاریر کے نفس مضمون سے گریز کرتے ہوئے اس تحریر پر ہم ان کی انتخابی مہم اور تقاریر کے انداز تک ہی محدود رکھتے ہوئے یہ سوال بھی آپ کے سامنے رکھیں گے کہ جس زور شور سے مودی نے اپنی مہم شروع کر دی ہے کیا یہ قبل از وقت نہیں ہے؟ ایسا لگتا ہے کہ مودی اب گجرات کے وزیر اعلیٰ نہیں رہے ہیں بلکہ صرف بی جے پی کے ایک قائد ہیں ورنہ بھلا ایک ایسی ریاست کے وزیر اعلیٰ (جس کو ترقی کے لحاظ مودی اور بی جے پی رول ماڈل قرار دیتے ہیں ہیں) کو بھلا اتنی فرصت کیسے اور کیوں کر مل سکتی ہے؟ کیا یہ فرائض سے کوتاہی نہیں ہے؟

نریندر مودی نے یوپی سے اپنی مہم شروع کی تھی لیکن مسلمانوں پر توجہ دیتے اور خود کو سیکولر اور مسلمانوں کا اصل ہمدرد ہونے کے دعوے کرنے والے مودی نے مظفر نگر اور اطراف کے دیہاتوں میں بھیانک مسلم کش فسادات کے متاثرین سے ملنے ہلاک شدگان کے اقارب کو پرسہ دینے زخمیوں کی عیادت اور بے گھر اور تباہ و تاراج ہونے والوں کو تسلی دینے کی زحمت نہ کر کے ثابت کر دیا کہ مسلمانوں سے ان کی ہمدردی محض زبانی جمع خرچ ہے۔ حیرت ہے کہ بہار میں بم کے دھماکوں سے متاثرین کے لئے انہوں نے بطور خاص بہار کا سفر کیا اور ثابت کر دیا کہ وہ مسلمانوں سے رسم راہ نبھانے کے بھی روادار وہ اب بھی نہیں ہیں اور سیاسی مقاصدڈ کے لئے وہ کچھ بھی کر سکتے ہیں۔ بہار میں ان کی جس ریلی میں بموں کے دھماکے ہوئے اس میں دھماکوں اور ہلاکتوں کے باوجود مودی کی تقریر جاری رہی۔ اگر ایک دھماکہ ہوتا پھر دوسرا نہ ہوتا تو اس کو نظر انداز کر کے

پروگرام جاری رہتا تو یہ بات بھی قابل اعتراض ہوتی لیکن اتنی زیادہ نہیں لیکن وہاں دھماکہ نہیں بلکہ یکے بعد دیگرے کئی دھماکے ہوئے لیکن مودی نے اپنی تقریر جاری رکھی حالانکہ جلسہ کو فوراً برخواست کرکے مودی کو حالات کا جائزہ لینے، جلسہ گاہ سے لوگوں کی سلامتی کے ساتھ واپسی اور زخمیوں کی عیاست کے ساتھ علاج و معالجہ کے انتظامات کا جائزہ لینا چاہئے تھا لیکن مودی نے ایسا کوئی تکلف نہیں کیا اور جو کام ان کو اسی وقت کرنا تھا وہ انہوں نے ضروری نہ سمجھ کر اپنا جلسہ اپنی تقریر اور اپنا پروگرام پورا کرنا ضروری سمجھا اور تعزیت عیادت کا الگ پروگرام سیاسی مقاصد کے لئے الگ سے بنایا گیا۔ ملک کے وزیر اعظم کے عہدہ کا طلب گار اگر اس مزاج کا ہو تو یہ امر نہ صرف افسوس ناک بلکہ عہدہ کی امیدواری کی توہین ہے۔

مودی کی تقاریر کے لب و لہجہ، انداز بیان وغیرہ اس بات کا پتہ نہیں چلتا ہے کہ موصوف وزیر اعظم بننے کے اہل ہیں۔ تاریخ اور جغرافیہ سے مودی واقف نہیں ہیں۔ اپنے ہی بیانات ان کو یاد نہیں رہتے ہیں۔ راہول گاندھی اور سونیا گاندھی کے لئے ان کا توہین امیز رویہ اور طرز مخاطبت عامیانہ پن کا اظہار ہے۔ وزیر اعلیٰ کی حیثیت سے میاں مشرف تو گوارہ ہے لیکن اپنے متوقع حریف امیدوار کے لئے ان کا انداز نہ صرف عامیانہ بلکہ غیر مہذب ہے۔ تالی بجانے والے عوام سے وہ بے حد داد بٹور لیتے ہیں لیکن اصحاب فکر و نظر کے لئے ان کی سنجیدگی، شائستگی سے عاری تقاریر مایوس کن ہیں۔ گجرات میں نتیش کمار کی میزبانی کرنے اور خاطر و مدارات کرنے کا احسان جتانا ہی کم ظرفی ہے اور جبکہ دعوت دینے والا میزبان کوئی اور تھا تو مودی کا میزبان نہ ہوتے ہوئے بھی میزبانی کا دعویٰ تو شرافت سے بعید ہے پھر ایسی باتیں بر سر عام کہنا تو کم ظرفی اور کذب بیانی کا شاہکار مانی جائیں گی۔

سردار پٹیل کی آخری رسومات میں پنڈت نہرو کی عدم شرکت کی چھوٹی بات چند رگپت موریا، نالندہ اور دیگر کئی باتوں نے ان کے کمزور معلومات اور ان کی غلط بیانی اور قابلیت کا پول کھول دیا ہے۔

مختصر یہ کہ مودی کا رویہ، ان کی عامیانہ تقاریر ان میں قابلیت اور اعلیٰ ظرفی کا فقدان ان کی شبیہ بگاڑنے کے علاوہ عہدہ وزارت عظمیٰ کی امیدواری پر سوال اٹھانے کے لئے کافی ہیں۔

***

# چند علماء اور اکابرین کی مودی نوازی

وزیر اعظم بننے کے مودی کے ارادوں کو ناکام بنانے میں مسلمان جو اہم ترین رول ادا کرسکتے ہیں اس بات کا علم مسلمانوں سے زیادہ بی جے پی کو ہے اسی لئے بی جے پی مسلمانوں کو اپنی طرف رجھانے کے لئے اپنے ترکش کے سارے تیر آزمارہی ہے۔یوں تو امت مسلمہ مودی کو کسی بھی قیمت پر وزیر اعظم دیکھنا پسند نہیں کرتی ہے لیکن بی جے پی یہ تاثر پیدا کرنا چاہتی ہے کہ اب ملک کے مسلمان (اللہ نہ کرے) اس کے ساتھ ہیں۔ اس دعوے کو موثر بنانے کے لئے بی جے پی نت نئے تماشے کررہی ہے۔ پتہ نہیں کس کس کو ٹوپی اور داڑھی کے ساتھ مودی کی تعریف کرتے ہوئے دکھایا جارہاہے۔بی جے پی کی "اقلیتی مورچہ" میں اچانک زبردست توسیع ہوگئی ہے۔ لیکن تشویش کی بات یہ ہے کہ چند ممتاز علماء بھی مودی کی راست یابالراست حمایت کررہے ہیں۔بی جے پی کا یہ حربہ انتہائی خطرناک ہے ۔ دوسرے یہ کہ ذرائع ابلاغ کھل کر مودی کی نہ صرف حمایت کررہے ہیں بلکہ مسلمانوں کی نام نہاد تائید کو مبالغہ آرائی کے ساتھ پیش کررہے ہیں اور رائی کا پہاڑ بنارہے ہیں۔

قارئین کرام کو ہم یاد دلادیں کہ ۲۰۰۴ء کے پارلیمانی انتخابات کے موقع پر واجپائی حمایت کمیٹی بنی تھی جس میں کچھ تاجر کچھ شعرا اور غیر معروف مذہبی شخصیات تھیں جن میں درگاہ اجمیر کے دیوان زین العابدین علی خان، بشیر بدر، منظر بھوپالی اور

ساغر اعظمی مرحوم کے نام ہم کو یاد ہیں یہ تمام حضرات زبردست تنقیدوں کا نشانہ بنے تھے۔ بہت اچھے اور ہمارے بھی پسندیدہ شاعر بشیر بدر کی واجپائی حمایت ان کے مداحوں کو ناگوار گزری اس کے بعد (وجہ خواہ کچھ ہو) بشیر بدر شاعروں سے تقریباً غائب ہیں۔ اسی طرح دیوان صاحب کی بی جے پی اور واجپائی نوازی پر بھی خاصہ اعتراض ہوا۔ منظر بھوپالی قائب ہو کر مشاعروں میں آنے لگے۔ مختصر یہ کہ واجپائی (جن کو "خراب پارٹی میں اچھا آدمی" کہا جاتا تھا) کی حمایت کرنے والوں کو کسی نے اچھی نظر سے نہیں دیکھا تو بھلا مودی کو تو اچھا کہنا دور کی بات ہے۔ ان کو معاف کر دینے کی بات بھی قابل قبول نہیں ہے۔ مودی کو معاف کرنے کی بات پر صرف اس وقت غور کیا جاسکتا ہے جب وہ ۲۰۰۲ء کے متاثرین کے زخموں پر مرہم لگانے کے لئے تمام ضروری اقدامات کریں مثلاً ان کی بازآبادکاری کا کام جنگی پیمانے پر کیا جائے جو لوگ ان کے گھروں، دیہاتوں، کھیتوں، دکانوں وغیرہ کو واپس ہونے سے ناقابل قبول شرائط کو قبول نہیں کرنے کی وجہ سے روک دیئے گئے ہیں۔ ان کی فوراً بلا روک ٹوک، بے خوف و خطر ان کی چھوڑی ہوئی جگہوں پر مکمل حفاظت و سلامتی کے تیقن کے ساتھ واپسی کا انتظام کیا جائے۔ جانی و مالی نقصانات کی مکمل تلافی کی جائے اس کام کیلئے گجرات کی حکومت، سنگھ پریوار اور مودی کی تائید کرنے والے سرمایہ داروں کے پاس پیسہ بہت ہے۔ اپنے تمام جرائم، گودھرا اسٹیشن پر سابرمتی اکسپریس کی بوگی نمبر ۶ کی آتشزدگی کی سازش کا اعتراف کیا جائے۔ جعلی پولیس مقابلوں میں ہلاک کئے جانے والوں کے وارثوں کو معاوضہ کے ساتھ ان پر عائد کردہ تمام الزامات کی تردید کی جائے۔ سنگھ پریوار اور حکومت کے تمام خاطی کارکنوں و عہدیداروں کو سخت سزائیں دی جائیں۔ بے گناہوں کو رہا کر کے سالوں قید رکھنے کا بھرپور معاوضہ ادا کیا جائے۔ عدالت عظمیٰ کی تمام ہدایات پر من وعن عمل کیا جائے۔

مندرجہ بالا اور دیگر اقدامات کی تکمیل کے بعد مودی اور بی جے پی باضابطہ معذرت خواہی، اعتراف جرائم اور اظہار ندامت کا اعلان الکٹرانک اور پرنٹ میڈیا (ٹی وی چینلز اور اخبار) پر کیا جائے تو مودی اور بی جے پی کو معاف کیا جاسکتا ہے اور ووٹ دینے کے لئے غور کیا جاسکتا ہے۔ یہ نہیں کہ ووٹ دینے کا ان کو یقین دلایا جائے۔ اس کے بعد ہمارے مولوی، مولانا، امام، دیوان، سجادے، ذاکر علماء، دانشور، ادیب و شاعر اور صحافی مودی کی حمایت کریں تو ان کو اس کی اجازت ہو گی۔

یہ تو نہیں ہو سکتا ہے کہ مودی، بی جے پی اور سنگھ پریوار بے غیرتی اور بے شرمی اور ڈھٹائی سے اپنے موقف پر قائم رہ کر اپنے زر خریدوں سے اپنے حق میں اپیل کروائیں۔

ملت کے ہر فرد کا فرض ہے کہ ہر ایک کو واضح اور واشگاف الفاظ میں بتادیا جائے کہ مودی کو یونہی معاف نہیں کیا جاسکتا ہے۔ مذہبی شخصیات کو مودی کے حق میں اپیلیں کرنے سے احتراز کرنا چاہیئے۔ تمام مسلمان متحد ہو کر مودی کو معافی دینے کی شرائط تیار کریں اور اگر مودی کو اپنی ناقابل قبول حیثیت کو بدلوانا ہے تو ان کو بہت کچھ کرنا ہو گا اور اگر وہ ایسا نہ کرسکیں تو ان کی حمایت کرنے والوں کا سماجی مقاطعہ کرنا چاہیئے۔

تمام مسلمانوں کو بھی میر جعفر، میر صادق کی قبیل کے لوگوں سے یہی سلوک کرنا ہو گا خواں ان کا تعلق کسی فرقہ سے کیوں نہ ہو! یہ بات بھی طئے ہے کہ مودی اپنے جرائم کا نہ ہی اعتراف کریں گے اور نہ ہی کسی صورت سے اظہار ندامت یا معذرت خواہی پر تیار ہوں گے۔

اسی حقیقت کو ذہن میں رکھتے ہوئے بھی مودی کی کاسہ لیسی کرنے والے بعض علماء ، تاجر اور خود ساختہ دانشور "جو ہوا سو ہوا" اور "بھول جاؤ" جیسی باتیں کررہے ہیں۔ قارئین کو یاد ہو گا کہ ایک بڑے عالم جن کو دارالعلوم دیوبند میں ایک اعلیٰ عہدے پر فائز

کیا گیا تھا مودی کے ترقیاتی کاموں کی مدح سرائی کرتے ہوئے گجرات ۲۰۰۲ء کے المناک واقعات کو بھلا دینے کی اپیل کی تھی یہ تھے مولانا غلام محمد وسطانوی جو دارالعلوم کا اعلیٰ عہدہ کھوکر اپنے موقف سے دستبردار ہوگئے اور اپنا کھویا ہوا مقام وم مرتبہ اور احترام بحال کرلیا۔

ایک عام خیال تھا کہ مولانا وسطانوی کے واقعہ کے بعد مذہبی شخصیات میں مودی کی تائید کی مہم پسندی کا جوکھم کوئی مول نہ لے گا اور خاصہ عرصہ تک مودی کی کسی نے حمایت نہیں کی لیکن جوں ہی مودی وزیر اعظم کے عہدے کے لئے سامنے آئے انہون نے عام لوگوں، حج کے لئے روانہ ہونے والے عازمین، داڑھی ٹوپی والے چند جملے کہنے کیلئے خرید لئے اور اس سے زیادہ تعداد میں مسلمان نظر آنے والے مرد وخواتین بی جے نے اپنے جلسوں میں دکھائے۔ دوسری طرف علماء کے بیانات کو نمک و مرچ لگاکر ٹی وی پر بتایا گیا یا اخبارات میں چھاپے گئے۔

مولانا محمد مدنی نے کہا کچھ اور بتایا گیا کچھ۔ مولانا مدنی نے کہا تھا کہ کانگریس مودی اور بی جے پی سے ڈرا کر ووٹ حاصل کرنا چاہتی ہے۔ مولانا مدنی کا کہنا ہے کہ انہوں نے مودی کی کبھی تعریف نہیں کی۔ انہوں نے صرف کانگریس پر تنقید کی تھی۔ کانگریس کے حامیوں نے اس مسئلہ پر پیالی میں طوفان اٹھادیا۔ مولانا مدنی اپنے ایک دوسرے بیان میں کہا ہے کہ کانگریس کے زیر اقتدار راجستھان اور یوپی میں سماج وادی پارٹی کے دور اقتدار میں گجرات سے زیادہ فسادات ہوئے ہیں۔ مولانا اگر اپنی بات وضاحت سے کرتے اور کانگریس پر جی بھر کے تنقید کرتے تاہم اپنی بات اس طرح نہ کہتے تو اچھا تھا جس سے یہ تاثر ملتا ہے کہ وہ مودی کی بالراست تعریف کررہے ہیں۔ دوسری طرف سنگھ پریوار کے زیر اثر میڈیا نے بات کا بتنگڑ بنادیا۔

مودی کی زیادہ تعریف تو مولانا کلب صادق نے بھی بے شک نہیں کی جو کچھ ان کو کہتے ہوئے مختلف ٹی وی چینلز پر ہم نے اور دوسروں نے سنا۔ اس کو سن کر یہ یقین کیا جاسکتا ہے کہ مولانا مودی کو معاف کر چکے ہیں۔ ان کا یہ کہنا کہ "جو ہوا سو ہوا" کا آخر کیا ملطب ہے؟ مولانا کلب صادق جانتے ہیں کہ معذرت خواہی یا اظہار ندامت اپنے جرائم کا اعتراف مودی کسی قیمت پر نہیں کریں گے پھر آخر اس "جو ہوا سو ہوا" کا کیا مطلب ہے؟

مولانا نے فرمایا کہ اگر مودی بدلتے ہیں تو میں ان کو ووٹ دوں گا نیز مودی سیاسی اچھوت نہیں ہے۔ مولانا کلب صادق کو اس بات کی وضاحت تفصیل سے کرنی چاہئے تھی "بدلنے" سے کیا مراد ہے۔ جس مودی نے عدالت عظمیٰ کے احکام پر من و عن عمل نہ کر کے مسلمانوں کو راحت پہنچانے کا انتظام نہیں کیا جس نے ساری دنیا کے دباؤ کے باوجود مسلنانوں کے قتل عام اور اس کی انتظامیہ کی جانب سے کئے گئے مظالم پر اظہار افسوس تک نہ کیا۔ معذرت تو دور کی بات ہے۔ بھلا وہ مودی کیا بدلے گا۔

ہم مانتے ہیں کہ مولانا نہ ضمیر فروش ہر گز نہیں ہیں اور نہ ہی ان کی کوئی قیمت لگائی جاسکتی ہے۔ لیکن مولانا نے جو کچھ کہا اس کا فائدہ بی جے پی اور مودی کو ہو گا۔ اگر مولانا کے ہم مسلک رائے دہندوں نے بھی مولانا کے "جو ہوا سو ہوا" کو مان کر مودی کو ووٹ دیا تو ان کے ہم مسلک فرقہ کی مذمت تو ہو گی لیکن مولانا کلب صادق کا بھی وہی حشر ہو گا جو کہ بشیر بدر کا ہوا تھا۔ بشیر بدر بڑے شاعر ہیں تو مولانا کلب صادق بڑے عالم اور ذاکر ہیں۔ بشیر بدر کی عمدہ شاعری ان کا قیمتی ہنر ناپسندیدہ ہو گیا تو یہی مولانا کلب صادق کے ساتھ بھی ہو سکتا ہے۔ اگر مولانا کلب صادق مودی ہی کو ووٹ دینا چاہیں تو دیدیں کوئی کیوں اعتراض کرے گا؟ لیکن اپنی مذہبی حیثیت کا فائدہ اٹھاتے ہوئے اگر وہ اس قسم کے بیان دیں کہ "جو ہوا سو ہوا" یا مودی اگر خود کو بدل دیں تو ان کو ووٹ دیا جاسکتا ہے تو یہ

اپنی مذہبی حیثیت کا ناجائز فائدہ اٹھا کر مسلمانوں کو گمراہ کرنے بلکہ ان کے مفادات کو نقصان پہنچانے کے مترادف ہے۔

مولانا کلب صادق ہی نہیں بلکہ عوامی اداروں سے وابستہ اور عوامی خدمات انجام دینے والے تمام اکابرین کو محتاط رہنا چاہئے۔ خاص طور پر متنازعہ مسائل پر جب وہ اپنی ذاتی رائے کا اظہار کرتے ہیں تو ان کے مقام، مرتبہ اور عہدے کی وجہ سے ان کی ذاتی رائے کو اہمیت دی جاتی ہے بلکہ ان کی تقلید بڑے پیمانے پر کی جاتی ہے مثلاً مولانا کلب صادق کو نہ صرف ان کے ہم مسلک افراد میں بلکہ دیگر مسالک کے مسلمانوں میں بھی عزت واحترام کی نظر سے دیکھا جاسکتا ہے ان کی رائے کو اہمیت دی جاتی ہے۔

بی جے پی کی یہ بھی کوشش ہے کہ بڑے سیاسی، مذہبی رہنماؤں کے ساتھ چھوٹی جماعتوں اور تنظیموں کے عہدیداروں کو زیادہ سے زیادہ تعداد میں خرید لیا جائے تاکہ پروپگنڈے کے لئے ان ذرخریدوں کو استعمال کیا جائے اور وہ ایسا کر بھی رہی ہے۔ کسی علاقے، مسلک یا شعبہ زندگی کے مسلمانوں کو ان زرخریدوں کی باتوں میں نہ آنا چاہئے۔ آج کل ٹی وی چینلز اور اخبارات میں اس قسم کے غداران ملت بہت نظر آرہے ہیں۔ ان سے دور رہنا چاہئے اور ان کی باتوں کو کوئی اہمیت نہیں دینی چاہئے یہ نہیں سمجھنا چاہئے کہ مودی کی حمایت بڑھ رہی ہے۔

مودی کی مخالفت تمام سیکولر افراد اور مسلمانوں کو اس وجہ سے نہیں کرنی ہے کہ وہ آر ایس ایس کا چہیتا ہے یا سنگھ پریوار کی آنکھ کا تارا ہے بلکہ مودی ایک ظالم، جابر، بے حس، عیار، فریبی اور بہت بڑا جھوٹا ہونے کے علاوہ ملک کی دوسری بڑی اکثریت کا دشمن نمبر ایک ہے۔ مودی نے کہا تھا کہ وہ گجرات کا قرض ادا کرچکا ہے اور اب دیش بھر کا فرض ادا کرنا ہے۔ یہاں ("قرض" سے مراد مسلمانوں کی تباہی ہے) کیا ملک کی دوسری

بڑی اکثریت کی تباہی کے بعد ملک ترقی کر سکے گا یعنی مودی مسلم دشمن ہی نہیں بلکہ ملک دشمن ہے۔ اس لئے مودی کو ناکام بنانا مسلمانوں کی ذمہ داری ہے اور متحد ہو کر مسلمان مودی کو شکست دے سکتے ہیں۔ چند اکابرین اور معمولی حیثیت کے افراد کی مودی کے لئے سفارش مسلمانوں کے متحدہ اور متفقہ موقف کو متاثر کرکے مودی کو کامیاب انشاء اللہ نہیں کرواسکتی ہے (آمین)۔

٭ ٭ ٭

# مودی کی نامزدگی

وزیر اعظم کے عہدے کے لئے بی جے پی نے آر ایس ایس کے حکم کے مطابق ۲۰۱۴ء میں ہونے والے انتخابات کے لئے نریندر مودی کو انا امیدوار نامزد کر دیا ہے۔ کسی عہدے کے لئے کسی کی نامزدگی بہت زیادہ اہم بات نہیں ہے لیکن بی جے پی اور خود نریندر مودی یوں جشن منا رہے ہیں جیسے کہ وہ واقعی وزیر اعظم بن گئے ہیں۔ بی جے پی شائد یہ بات بھول چکی ہے کہ ۲۰۰۴ء اور ۲۰۰۹ء میں بی جے پی زیادہ مضبوط تھی اور وزارت عظمیٰ کے عہدے کے لئے اس کے امیدوار اٹل بہاری واجپائی اور اڈوانی جیسے قد آور قائدین تھے نیز این ڈی اے میں ۲۲ تا ۲۴ جماعتیں شامل تھی اور آج این ڈی اے میں صرف تین جماعتیں ہیں۔ اس کے باوجود نریندر مودی اور سنگھ پریوار کا جشن دنیا کو دھوکا دینے کی ناکام کوشش ہے عوام کو غلط تاثر دینا سنگھ پریوار کا پرانا حربہ ہے۔

نریندر مودی کی نامزدگی کا اعلان دراصل بی جے پی کی مصلحت اور مجبوری ہے یا کئی اہم باتوں پر سے ملک کی توجہ ہٹانے کے لئے یہ کھیل کھیلا گیا ہے۔

گجرات پولیس کے ایک اعلیٰ افسر ونجارا نے گو کہ اپنے دس صفحات پر مشتمل خط میں نریندر مودی کی پول پوری طرح تو نہیں کھولی ہے لیکن وزارت عظمیٰ کے عہدے کے امیدوار ہونے کا دعویٰ کرنے والی شخصیت کے لئے ونجارا جیسے اعلیٰ عہدے دار کے انکشافات اس کی شخصیت کو مسخ کرنے کیلئے کافی ہیں یاد رہے کہ ونجارا مودی کے خاص

الخاص معتمد افسروں میں سے ایک رہے ہیں لہٰذا ان کی باتوں کو مسترد کرنا آسان نہیں ہے۔ گجرات میں مودی کے کالے کرتوتوں سے متعلق کئی مقدمات مختلف عدالتوں میں زیر سماعت ہیں کسی بھی مقدمہ میں مودی کو جھٹکا لگنے کا احتمال ہے۔ اس صورت میں وزیر اعظم کے عہدے کے لئے مودی کی نامزدگی بھی مشکل ہو جاتی۔ اسی لئے قبل اس کے کہ مودی کی شبیہ مزید بگڑتی ان کا تصور مسخ ہوتا۔ بی جے پی نے مناسب سمجھا کہ جھٹ پٹ مودی کو امیدوار نامزد کر دیا جائے۔

مظفر نگر کے فسادات میں بی جے پی بری طرح ملوث ہے۔ ان فسادات کے ذریعہ بی جے پی اور نریندر مودی کے نائب امت شاہ کے یہ ارادے کہ یوپی کو گجرات بنا دیا جائے گا۔ آشکار ہو گئے حالانکہ بی جے پی نے اپنے وفاداروں (خاص طور پر پولیس افسران کی مدد سے اور اکھلیش کی نااہلی سے بھرپور فائدہ اٹھاتے ہوئے سماج وادی پارٹی کو بدنام کرنے مظفر نگر میں فسادات کروائے تھے لیکن بی جے پی کا کھیل معصوموں کی جان لے کر قتل و غارت گری کے باوجود اسی کو الٹا پڑ گیا۔ سماج وادی پارٹی کا چاہے جو حسر ہو لیکن بی جے پی اور امت شاہ کے جرائم کھل کر سامنے آ گئے اس بدنامی سے بچنے کے لئے نریندر مودی کی نامزدگی کا اعلان کر کے توجہ ہٹانے کی کوشش کی گئی ہے حالانکہ بی جے پی کے زیر اثر میڈیا نے مظفر نگر کے فسادات کو بڑی اہمیت دیتے ہوئے فسادات کے سلسلے میں یو پی حکومت پر ہونے والی تنقیدوں کو نمایاں کیا اور زبردست تشہیر کی۔ ورنہ عام طور پر ہمارا میڈیا مسلم کش فسادات کو پر بہت کم اہمیت دیتا ہے۔ آسام میں تقریباً دو سال قبل ہوئے انتہائی بھیانک فسادات ہوئے تھے لیکن میڈیا نے اسے زیادہ اہمیت نہیں دی تھی اور نہ ہی آسام کے وزیر اعلیٰ گوگوئی سے کسی نے مستعفی ہونے کا مطالبہ کیا تھا۔ اصل بات یہ ہے کہ یوپی میں لوک سبھا کی زیادہ سے زیادہ نشستوں پر کامیابی کے لئے ضروری ہے کہ یوپی

میں سماج وادی پارٹی کو کمزور کیا جائے خاص طور پر مسلمانوں کو سماج وادی پارٹی سے دور کیا جائے۔ ٹی وی پر آنے کے شوقین اور کسی بھی مسئلہ پر ٹی وی والوں کی مرضی کے مطابق بات کہنے کے عادی مولویوں نے بڑا شور مچایا۔ آسام، راجستھان، بہار اور مہاراشٹرا میں ہوئے فسادات کے موقع پر ٹی وی پر شائد ہی کوئی مولوی صاحب ٹی وی پر نظر آئے ہوں۔ اللہ کا شکر ادا کرنا چاہیئے کہ ٹی وی والوں کے پسندیدہ مولوی صاحبان کی تعداد بہت کم ہے۔

نریندر مودی مسلمانوں کے ووٹس کی اہمیت سے واقف ہیں اس لئے ایک طرف وہ مسلمانوں کے ووٹس کے حصول کے لئے کوشاں ہیں اور زور شور سے دعوے کر رہے ہیں کہ گجرات کے ریاستی اسمبلی کے انتخابات میں ۲۰ تا ۲۵٪ مسلمانوں نے ان کو ووٹ دیا ان کا اور بی جے پی کا دعویٰ ہے کہ جب گجرات میں ۲۰ تا ۲۵ ووٹ مل سکتے ہیں تو ہندوستان میں بھر میں بھی مل سکتے ہیں!۔ اس سلسلے میں پہلی اور اہم بات تو یہ ہے کہ مودی کو یہ اعداد وشمار ملے کہاں سے؟ لگتا تو یہ ہے کہ یہ من گھڑت ہیں لیکن یہ ضرور ہے کہ گجرات میں بی جے پی کو کچھ نہ کچھ مسلم ووٹ ضرور ملے ہیں۔ یہ بات اس بنیاد پر کہی جاسکتی ہے کہ ایسے حلقوں میں جہاں کانگریس کے امیدوار مسلمان تھے وہاں بھی بی جے پی کے امیدوار (غیر مسلم) کامیاب ہوئے اس کی وجہ یہ ہے کہ زیادہ تر حلقوں میں سنگھ پریوار کے غنڈوں نے دھمکیوں دھونس اور دھاندلیوں سے یا تو مسلمانوں کو ووٹ دینے سے باز رکھا یا پھر ان کو بی جے پی کو ووٹ دینے پر مجبور کیا۔ گجرات کا بے بس وبے یارو مددگار مسلمان ڈر اور خوف کا شکار تھا۔ مزید پریشانی سے بچنے کے لئے سنگھ پریوار کے حکم کو ماننے پر مجبور تھا۔

"لوگ مجبور ہیں ظالم کی طرفداری پر"

لیکن نریندر مودی اور ان کی حمایت کرنے والے یادرکھیں کہ سارا ہندوستان گجرات نہیں ہے اور نہ ہی ہوسکتا ہے۔ مودی نے مسلمانوں کو کچھ نہیں دیا ہے ان کے پاس مسلمانوں کو دینے کے لئے کچھ نہیں ہے ہاں لیناوہ جانتے ہیں کبھی فسادات میں جان و مال لیتے ہیں تو جعلی پولیس مقابلوں میں معصوموں اور مظلوموں کو ونجارا، پانڈے اور نریندر امین جیسے افسروں سے قتل کرواتے ہیں۔ ہر معاملے میں مسلمانوں کو حاشیہ پر رکھنے والا مودی مسلمانوں سے ووٹس کی توقع رکھے تواس کو امیدوار بنانے والوں کی عقل پر ہنسنا چاہئے۔ گجرات کے قصائی کی شاہنواز حسین اور مختار عباس نقوی حمایت کریں تو اور بات ہے لیکن درگاہوں، خانقاہوں اور امام بارگاہوں کے سجادے، مشائخ، مرشد، دیوان اور متولی صاحبان واجپائی حمایت کمیٹی کی طرح مودی حمایت کمیٹی بنائیں تو ان کا مواخذہ ضروری ہے۔ ان کو عہدے سے ہٹانا بھی ضروری ہے۔

گجرات میں ریاستی اسمبلی کے انتخابات سے قبل سے ہی ملک کے بڑے بڑے سرمایہ دار وصنعت کار مودی کو وزیراعظم کی کرسی پر بٹھانے کی مہم شروع کرچکے تھے۔ سنگھ پریوار اور سرمایہ داروں کے زیر اثر اخبارات اور ٹی وی چینلز اس مہم میں اس طرح شامل ہیں کہ لگتا ہے کہ مودی بی جے پی کے امیدوار نہیں میڈیا کے ہے۔ میڈیا کی اس قدر دلچسپی کی وجہ بلکہ وجوہات میں ان کی فرقہ پرستی، مسلم دشمنی کے علاوہ ان کے بکاؤ ہونے کے علاوہ امریکہ کی اس یہودی فرم کا بھی اثر ہے جس نے مودی کو وزیراعظم بنانے کے لئے تشہیر عوامی رابطوں اور لابنگ کا ٹھیکہ لیا ہوا ہے۔

امریکہ کی عالمی شہرت کی مالک خبررساں، تشہیر اور عوامی رابطوں کی مشاورتی فرم APCO World Wide کی سی او او CEO اور موٴس مارگیری کراؤس Margery Kraus نے بتایا کہ ہندوستان میں APCO کے مینجنگ ڈائرکٹر MD سوکنتی گھوش مودی

کے لئے اپنے ساتھیوں کے ساتھ شب و روز مصروف ہیں یہ بھی بتایا کہ امریکہ و برطانیہ کے لئے سابق ہندوستانی سفیر اور ممتاز سفارت کا للت مان سنگھ بھی APCO میں مودی کے لئے کام کر رہے ہیں۔ جب لاکھوں ڈالر دے کر اتنی ممتاز و ماہر فرم کی خدمات مودی کے لئے حاصل کی جائیں گی تو مودی کا شاندار پروپگنڈہ تو ہو گا ہی!۔ اس پروپگنڈے کا کس حد تک اثر ہو گا؟ یہ اہم ہے؟

گجرات کی صنعتوں کو اس کی ترقی یا وکاس کے ثبوت کے طور پر پیش کیا جاتا ہے۔ مودی نے ملکی اور غیر ملکی سرمایہ داروں کو ناقابل قیاس کم قیمتوں پر زمین، بجلی اور پانی فراہم کیا، کم سے کم قیمتوں پر خام مال اور مزدور فراہم کروائے اور ٹیکسوں میں چھوٹ دے دے کر گجرات میں سرمایہ کاروں کو سرمایہ کاری اور صنعتیں لگانے کی ترغیب دی۔ عوامی سہولیات کی ترقی تو مدھیہ پردیش اور راجستھان میں گجرات سے زیادہ ہوئی ہیں۔ جب سرکار خود سرمایہ داروں کو رعایتوں اور مراعات کی رشوت دے گی۔ گھٹالوں کو چھپائے گی تو کرپشن کی گنجائش کہاں ہو گی؟ ملک بھر سے مسلم نوجوانوں گجرات کی جیلوں میں قید کر کے ہندو دہشت گرد بھلا اپنے سرپرست اعلیٰ کی ریاست میں دہشت گردی کیوں کریں گے؟ جیلوں میں قیدیوں کی تعداد بڑھا کر اور متعدد جعلی پولیس مقابلوں میں مسلمان نوجوانوں بشمول ۱۹ سالہ طالبہ عشرت جہاں کو قتل کروا کے انسداد دہشت گردی ختم کرنے میں کامیابی کا دعویٰ مودی کرتے ہیں!۔

ترقی کے جھوٹے دعووں، فرقہ پرستی اور اپنے مظالم پر نازاں (ندامت و معذرت کا ذکر تک نہ کرنے والا) ظالم مودی پروپگنڈے کے زور پر انشاء اللہ العزیز ہرگز کامیاب نہ ہو گا (آمین)۔

***

# کیا میڈیا مودی کا قد بلند کر سکے گا

یہ بھی ایک حقیقت ہے کہ حکومتیں عام طور پر کسی نہ کسی معاملے میں اپنے عوام کو دھوکا دیتی ہیں غلط بیانی سے کام لیتی ہیں۔ حقائق کو چھپاتی ہیں اور مبالغہ آرائی سے کام لیتی ہیں۔ اس معاملے میں مغرب کی ترقی پسند حکومتیں بھی کچھ کم نہیں ہیں۔ امریکہ، فرانس اور برطانیہ وغیرہ نے اسرائیل کی ہم نوائی میں ۹/۱۱ ہی نہیں بلکہ افغانستان، عراق پر حملوں اور قبضے، القاعدہ، اسامہ بن لادن، طالبان اور اب داعش کے سلسلے میں غلط و گمراہ کن خبروں، جعلی آڈیو اور ویڈیو ٹیپس کا ناجائز طریقوں سے استعمال ہوتا رہا ہے اور دہشت گردی کے حوالے سے مسلمانوں کو نقصان پہنچانے دنیا بھر میں بڑے ڈرامے ہوئے بلکہ ہورہے ہیں لیکن مغربی طاقتوں اور اسرائیل نے حقائق کو چھپانے کے لئے بڑے جتن کئے اور کئے جارہے ہیں۔ ہمارے ملک میں بھی یہی کچھ ہورہا ہے۔ گجرات فسادات ۲۰۰۲ء جس سانحہ (یعنی فروری ۲۰۰۲ء میں گودھرا جنکشن پر سابھرمتی ایکسپریس کی بوگی نمبر (٦) کی آتشزدگی اور تقریباً ٦٠ افراد کی ہلاکت کو بنیاد بنا کر نہ صرف ملک بلکہ انسانیت کو شرمسار کرنے والے فسادات نریندر مودی کے دور وزارتِ اعلیٰ میں ہوئے۔ گودھرا فسادات کی صحیح طریقے سے غیر جانبدارانہ انداز میں تحقیقات نہیں ہوئی۔ پارلیمان پر حملے، بٹلہ ہاوس اور ۱۱/۲٦ کے واقعات کے حقائق پر شکوک اور ابہام کے پردے میں ہوایا گودھرا اور پارلیمان پر حملے کے واقعات بے شک این ڈی اے دور میں

ہوئے تھے لیکن ان واقعات کے حقائق کے بارے میں تحقیقات کرنا یو پی اے حکومت کا فرض تھا لیکن یو پی اے حکومت نے کوئی ایسا کام نہیں کیا جس سے بی جے پی کو ردِ عمل کے اظہار کا موقع ملتا! مختصر یہ کہ این ڈی اے دور میں مغرب، (سی آئی اے) صیہونیوں (موساد) کے مشورے پر اسٹیج کئے گئے ڈرامے کے حقائق پر پڑے پردے نہ اٹھا کر سنگھ پریوار کے حوصلے بڑھا دیئے۔

اور اب جب چند ماہ قبل مودی کی حکومت بر سر اقتدار آئی تو سچ کو چھپانے اور حقائق پر پردے ڈالنے کا کام مودی حکومت زور شور سے کر رہی ہے۔ اپنے یا اپنے ساتھیوں کے خلاف جانے والی تمام باتیں ختم کی جا رہی ہیں۔ گجرات کے جو بڑے افسر معطل تھے وہ اپنے عہدوں پر واپس ہو چکے ہیں۔ جیل میں بند ایسے افسران جو مقدمات کا سامنا کر رہے ہیں وہ بھی ضمانت پا چکے ہیں کوڈنانی جیسی سزا یافتہ مجرم بھی ضمانت پر رہا ہو گئی ہے۔ ان مجرموں اور ملزموں کو کیسے ضمانت اور دوسری رعایتیں مل رہی ہیں؟ اس سوال کا جواب آسان ہے۔ ایک مثل کو آپ نے سنا ہی ہو گا کہ "سیاں بھئے کوتوال کو پھر ڈر کا ہے ؟" یہاں تو سیاں وزیر اعظم ہیں۔ دوسری بات یہ بھی سب ہی جانتے ہیں کہ آزادی کے بعد آر ایس ایس نے زندگی کے ہر شعبہ میں ہندتو کے علمبردار داخل کر رکھے ہیں۔ سرکاری مشنری میں زعفرانی رنگ چڑھانے میں کانگریسی حکومت کی نہ صرف نا اہلی اور ان کے اپنے "نرم ہندتو" پر ایقان کا دخل ہے۔ علاوہ ازیں گجرات ۲۰۰۲ء کے فسادات کے بعد مودی صاحب کی دہشت بھی کام کرتی ہے۔ یو پی اے کے اقتدار میں پھر بھی مودی کے مخالفوں کو ہمت اور حوصلہ تھا اب "وہی قاتل، وہی شاہد وہی منصف ٹھیرے" والی بات ہے۔

لوک سبھا کے انتخابات کے وقت ہی الیکشن کمیشن کا رویہ سامنے آگیا تھا۔ امت شاہ

اور اعظم خاں کا معاملہ الیکشن کمیشن کے دوہرے معیار ہی نہیں بلکہ جانبدارانہ رویہ کا ثبوت ہے۔ مودی نے اور بی جے پی نے اپنی انتخابی مہم کے دوران قواعط و ضوابط کی سنگین خلاف ورزیاں کیں۔ رپورٹس بھی درج ہوئیں۔ ایف آئی آر بھی کاٹی گئی لیکن مودی وزیر اعظم بن گئے تو پتہ نہیں ساری کارروائیاں کدھر گئیں ان کا کیا ہوا ہے؟

مودی کی کابینہ میں تقریباً ۳۰ فیصد مجرمانہ ریکارڈ کے حامل وزرا بھی ہیں مثلاً سنجیو بالیان (موصوف کا نام مظفر نگر فسادات کی داستانوں میں نمایاں رہا لیکن اگر کابینہ بنانے والے کے نام کے ساتھ فسادات کا ٹھپہ لگا ہو تو ایسی کابینہ میں کوئی بھی وزیر ہو سکتا ہے!)

انتخابات میں پرچہ نامزدگی داخل کرنے میں مودی نے اپنے ہی بارے میں تضاد بیانی سے کام لیا تھا اس سلسلہ میں بھی کچھ نہیں ہوا۔ مودی کابینہ میں سمرتی ایرانی نے اپنی تعلیمی قابلیت اور استعداد میں مختلف مواقع پر مختلف باتیں بیان کیں پتہ نہیں ان کی غلط بیانیاں کیوں نظر انداز ہو گئیں؟ جب وزیر اعظم کی خلاف ورزیاں یا غلط بیانیاں نظر انداز کر دی گئیں یا ان کو سرد خانے میں ڈال دیا گیا تو سمرتی ایرانی کی غلطیاں اور غلط بیانیاں بھی نظر انداز کی جا سکتی ہیں نا؟

لوک سبھا کے انتخابات کے سلسلے میں مودی نے اپنی انتخابی مہم چلانے کے لئے جس طرح پانی کی طرح روپیہ (بلکہ زیادہ تر امریکی ڈالر) بہایا ہے اس کو دیکھ کر سوچنا پڑتا تھا کہ اگر کوئی پارٹی یا جماعت انتخابات میں اگر ہزاروں کروڑ خرچ کرے جو عام طور پر دوسری پارٹیاں یا افراد نہ کر سکیں تو کیا ایسے انتخابات شفاف اور مساری مواقع فراہم کرنے والا کہا جا سکتا ہے؟ اب کانگریسی قائد اور سابق مرکزی وزیر آنند شرما نے واضح الفاظ میں بی جے پی اور مودی پر الزام لگایا ہے کہ انتخابات میں ۲۳ ہزار کروڑ خرچ کر دئے گئے ہیں۔ اس خرچ کے علاوہ ذرائع ابلاغ کا خرچ بھی ہے جس کا انتخابات کے

دوران بے دریغ استعمال کیا گیا تھا وہ اپنی جگہ کیا کم تھا۔ وزیر اعظم کا عہدہ سنبھالنے کے بعد بھی ٹی وی چینلز پر بھی مودی مودی کی رٹ جاری ہے جبکہ عام خیال یہ تھا کہ انتخابات کے بعد وہ تمام ٹی وی چینلز جو مودی اور بی جے پی کے مداح سرمایہ داروں کے ہیں یا از خود زعفرانی رنگ میں رنگے ہوں یا مغربی، امریکی اور اسرائیلی میڈیا کے زیر اثر سنگھ پریوار کے ہم نواز ہوں، اپنے معمول پر لوٹ آئیں گے لیکن انتخابات کے بعد بھی کوئی فرق نہیں آیا لگتا ہے کہ ۹۰ تا ۹۵ فیصد ٹی وی چینلز مودی کے اپنے ذاتی ہیں جو مودی کے سرکاری کام ہی نہیں ان کی ذاتی مصروفیات (خواہ وہ سفر ہو یا پوجا پاٹ ہو) کو بھی بلاقید وقت ٹیلی کاسٹ کیا جانے لگا ہے۔ لگتا ہے کہ اہم بین الاقوامی اور یا قومی معاملات بھی سب مودی کی روز مرہ کی مصروفیات کے آگے ہیچ ہیں۔

منفی اثر رکھنے والی مودی کی مصروفیات اور باتوں کو بھی کسی ٹی وی چینل نے ایمانداری اور غیر جانبداری سے نہیں پیش کیا ہے۔ غیر ضروری تعریف مبالغہ آرائی ہی ان چینلز کی خصوصیت مانی جاتی ہے پتہ نہیں مودی کی ہر چیز تاریخی کیسے قرار دی جاتی ہے ہر وزیر اعظم بیرونی دوروں پر جاتا رہے لیکن کبھی ہم نے اس سے قبل کسی وزیر اعظم کے کسی دورہ کو تاریخی کہا جاتے سنا نہیں تھا بلکہ شائد ہی کسی نے سنا ہو لیکن اب مودی کے تاریخی دوروں کا کچھ حال دوسرے ذرائع کچھ اور بتاتے ہیں۔ دورۂ نیپال کو بلاوجہ ضرورت سے زیادہ اہمیت دی گئی ہندتوادی نیپال کو اب بھی دنیا کی واحد ہندو مملکت مانتے ہیں۔ اسی لئے نیپال کا بڑا چرچا ہوا۔ مودی کے بیرونی ملکوں کے دوروں یا خارجہ پالیسی کی بنیاد ہندوستان میں زیادہ سے زیادہ بیرونی سرمایہ کو لانے کی مسادی ہے (بلکہ زیادہ تر سرمایہ کاری صرف گجرات میں ہو تو بہتر ہے) جاپان میں مودی کو توشیبا، ہتاشی اور دیگر بڑی کمپنیز کو سرمایہ کاری کرنے کی ترغیب دینے میں ناکام رہے۔ جاپان سے ۳۵ بلین ڈالر کی امداد کا

وعدہ ضرور ملا لیکن یہ رقم متوقع امداد سے نہ صرف کم ہے بلکہ وعدہ وفا ہوگا بھی یا نہیں یہ مشتبہ امر ہے۔ جاپان کے دورہ کے درمیان شہنشاہ جاپان کو سیکولر بھارت کے ہندتوادی وزیر اعظم مودی نے گیتا پیش کر کے نہ صرف ملک کے سیکولرازم کو داغدار بنایا اور دیار غیر یعنی جاپان میں ملک کے سیکولر عناصر پر پھبتی تک کسی لیکن مودی کے زیر اثر میڈیا (جس کو آپ موڈیا کہہ لیں) نے ان دونوں باتوں کو کوئی اہمیت نہیں دی گویا مودی کی مخالف سیکولرازم حرکتیں میڈیا کے لئے غیر اہم ہیں۔ یہی حرکت مودی نے امریکہ میں صدر اوباما کو گیتا دے کر کی لیکن اس موقعہ پر میڈیا خاموش رہا۔ امریکہ میں شاندار، تاریخی اور بے مثال استقبال کی خبریں ہیں اس کی اصلیت یہ ہے کہ استقبال کرنے والے سارے ہی ہندوستانی ۹۰ فیصد گجراتی وہی لوگ تھے جنہوں نے مودی کو وزیر اعظم بنانے کی مساعی کی تھی۔ دورہ امریکہ کی دیگر تفصیلات ہم پہلے بھی لکھ چکے ہیں۔ صرف یہ دہرادیں کہ مودی جی امریکہ سے خالی ہاتھ آئے۔

رمضان میں سیاسی افطار پارٹیوں کے ہم سخت خلاف ہیں لیکن رسم دنیا یہی ہے کہ ملک کا وزیر اعظم (بہ شمول واجپائی) افطار پارٹی کا اہتمام کرتے تھے لیکن مودی کو یہ وضعداری نبھانا بھی پسند نہیں ہے۔ عید کی مبارکباد تو ہر کوئی بلکہ اوباما جیسے مسلم دشمن بھی دیتے ہیں ہم نے تو سعودی عرب میں سنا تھا کہ اسرائیل کے وزیر اعظم بھی حسنی مبارک اور مصریوں کو دیتے تھے مگر واہ رے مودی کہاں تو سب کا ساتھ سب کا وکاس کہتے ہیں لیکن مسلمانوں سے اتنی دوری ہے کہ نہ عید نہ بقر عید کسی کی مبارکباد نہیں۔ ہم ہی نہیں سب کو نقوی، شاہنواز، ایم جے اکبر، نجمہ ہبت اور دیگر غداران ملت یا عہد حاضر کے میر جعفروں اور میر صادقوں سے پوچھنا چاہئے کہ کیا ان ہی وجوہات کی وجہ سے بی جے پی مسلمانوں کے لئے "شجر ممنوعہ" نہیں رہی ہے۔ اپنی نام ونہاد صفائی کی مہم میں

مودی نے جن مقامات کی صفائی کا خیال رکھنے کا ذکر ٹی وی چینلز بار بار دکھاتے رہے ہیں اس میں مودی نے مندر کے ساتھ مسجد کا نام تک لینا گوارہ نہیں کیا حالانکہ ہندی اردو میں مندر مسجد کا ذکر ساتھ ہوتا ہے مگر مودی کو مسجد کہنا بھی پسند نہیں ہے۔

مودی کی بھاجپا اور سنگھ پریوار والے مسلمانوں کو جو دل میں آئے کہتے رہتے ہیں لیکن مودی اپنے تابعداروں کو اس ضمن میں سرزنش تک نہیں کرتے ہیں۔ ہاں جب القاعدہ کا ذکر آتا تو کہتے ہیں کہ ہندوستان کا مسلمان القاعدہ کو کامیاب نہیں ہونے دے گا وہ ہندوستان کا وفادار ہے۔ حیرت ہے کہ مودی کو یہ تک خیال تک نہیں آتا ہے کہ جن مسلمانوں پر ان کو اس قدر بھروسہ ہے اسی مسلمان کو ان کی اپنی پارٹی والے الزامات ہی نہیں بہتانوں کا نشانہ بنارہے ہیں۔ ہندوستان جیسے عظیم ملک کے وزیر اعظم کا رویہ ملک کی عظمت سے نہ میل کھاتا ہے اور نہ یہ ہندوستان کی اعلیٰ اقدار کے مطابق ہے۔ گویا وزیر اعظم مودی وزیر اعظم کے عہدہ کی حرمت کو پامال کررہے ہیں (تازہ مثال ہریانہ مہاراشٹرا میں ان کی انتخابی مہم ہے) اور قومی میڈیا ان کی قابل اعتراض اور لائق مذمت باتوں اور حرکتوں کو چھپاکر اور مودی کی غلط بیانیوں اور مبالغہ اڑائی کی بے تحاشہ پبلی سٹی کرکے بھی ان کا قد ہرگز بلند نہ کرسکے گا۔

***

# مودی کا پروپگنڈہ - چند سوال

ہندوستان میں تجارتی ٹی وی چینلز یا برقی میڈیا کا رویہ اپنے قیام کے وقت سے ہی قابل اعتراض ہی نہیں بلکہ جانبدارانہ رہا ہے۔ ایک خاصی مدت تک تو ٹی وی کا مطلب صرف دوردرشن تھا پھر تجارتی ٹی وی چینلز سامنے آئے۔ دوردرشن اور آکاش وانی (آل انڈیا ریڈیو تو تھے ہی سرکاری اس لئے ان کا حکومت کا حامی ہی نہیں بلکہ سرکاری پروپگنڈے کا ذریعہ ہونا عام یا معمول کی بات تھی۔ دنیا میں عام طور پر یہی ہوتا ہے۔

خانگی یا تجارتی چینلز پر کوئی پابندی نہیں ہوتی ہے۔ خانگی چینلز کی مقبولیت ان کی غیر جانبداری میں مضمر ہوتی ہے۔ ویسے یہ بھی سچ ہے کہ مکمل جانبداری تو بہت ہی کم دیکھنے میں آتی ہے۔ ترقی یافتہ ملکوں میں بھی اخبارات، خانگی ریڈیو یا ٹی وی چینلز کسی نہ کسی حد تک جانبدار ہوتے ہیں لیکن ان کی جانبداری میں بھی ایک توازن بہر حال ہوتا ہے۔ حق سے پہلو تہی اور اہم بات کو نظر انداز کرنا (چاہے وہ ان کے خلاف ہی کیوں نہ ہو) ناپسندیدہ سمجھا جاتا ہے۔ مغربی دنیا میں بڑی سیاسی پارٹیوں کی ترجمانی کرنے والے ان کے اپنے ذرائع ابلاغ ہوتے ہیں۔ جو اپنی پارٹی کے مفادات کی ترجمانی کرتے ہیں لیکن دوسری جماعتوں کو سرے سے نظر انداز کرنا ان کا مسلک نہیں ہوتا ہے کسی نہ کسی حد تک اعتدال برتا جاتا ہے۔

ملک میں جب سے بی جے پی اور سنگھ پریوار کا زور ہوا اور ان کا دائرہ کار اور مقبولیت

کا حلقہ بڑھنے لگا سنگھ پریوار نے ذرائع ابلاغ پر اپنا اثر بڑھانا شروع کر دیا اس سلسلہ میں یہ امر بھی غور طلب ہے کہ دنیا کے ذرائع ابلاغ پر عالمی صیہونی تحریک چھائی ہوئی ہے۔ دنیا بھر میں اخبارات اور ٹی وی چینلز اور ریڈیو کو انہوں نے اپنے زیر اثر رکھا ہے۔ ہندوستان میں سنگھ پریوار صیہونیوں اور اسرائیل کا سب سے بڑا حلیف، معاون و مددگار رہے۔ یہاں تو سنگھ پریوار کا تمام ذرائع ابلاغ پر یوں بھی خاصہ اثر تھا لیکن صیہونی اثرات کے بعد تو بیشتر تمام بڑے انگریزی، ہندی اخبارات اور ٹی وی چینلز ہی نہیں بلکہ علاقائی زبانوں کے اخبارات اور چھوٹے ٹی وی چینلز بھی سنگھ پریوار کو زیر اثر ہیں جس کو اخبارات کا عام قاری اور ٹی وی چینلز کا عام ناظر بھی محسوس کرتا ہے۔ اب نریندر مودی کے معاملے میں ٹی وی چینلز کا رویہ سخت قابل اعتراض ہے۔ بیشتر بلکہ ۹۰ فیصد ٹی وی چینلز خواہ وہ انگریزی کے ہوں یا ہندی کے ہوں یا علاقائی کیوں نہ ہوں مودی کے پروپگنڈہ میں یوں مصروف ہیں گویا یہ چینلز مودی کی انتخابی مہم کے لئے خود نریندر مودی نے قائم کر رکھے ہیں۔

نریندر مودی کے ساتھ ٹی وی چینلز کی یہ ہمدردی اور دل کھول کر ان کا ہر طرح پروپگنڈہ یوں ہی نہیں ہے اور نہ ہی تمام ٹی وی چینلز یہ کام مودی نوازی کی خاطر کر رہے ہیں۔ بیشتر ٹی وی چینلز تجارتی ہیں ہر ایک گھنٹہ کا بعض وقت ۴۰ تا ۵۰ فیصد وقت اشتہاروں کو دیا جاتا ہے۔ اس لئے یہ فرض کرنا ہے کہ سارے ٹی وی چینلز نہ سہی بیشتر یہ سب مفت میں مودی کی خاطر کر رہے ہیں۔ بھیانک غلطی ہے۔

گجرات ۲۰۰۲ء میں مودی نے جس سّفاکی اور بے رحمی اور عمدہ کارکردگی کے ساتھ مسلم دشمنی کا مظاہرہ کیا تھا اس کی وجہ سے وہ نہ صرف سنگھ پریوار بلکہ تمام مسلم دشمن عناصر کے لئے پسندیدہ قرار پائے۔ ۲۰۰۴ء میں این ڈی اے کی اقتدار سے بے دخلی کے بعد سنگھ پریوار اور بیرونی مسلم دشمنوں کے لئے مودی (گجرات میں ان کی

دوبارہ کامیابی کے بعد) امید کی کرن بن گئے۔ صیہونی کسی کام میں جلدی نہیں کرتے ہیں۔ مودی کی کارکردگی اور گجرات میں ترقی کا پروپگنڈہ کرنے کے لئے میڈیا کو عرصہ تک استعمال کیا گیا۔ این ڈی اے کی ۲۰۰۹ء میں ناکامی کے بعد پریوار اور ان کے بیرونی آقاؤں نے مودی کو آگے بڑھانے کا فیصلہ اور تمام نفسیاتی حربوں کے ساتھ مودی کو وزارتِ عظمیٰ کا امیدوار بنانے کے لئے اشارے دیئے جانے لگے۔ رفتہ رفتہ بات دھیرے سروں میں مودی کی گجرات میں تیسری کامیابی سے قبل ہی کہی جانے لگی تھی اور مودی جب گجرات تیسری بار کامیاب ہوئے تو ان کی امیدواری کا چرچا ہونے لگا۔ میڈیا مودی کے لئے زمین ہموار کرنے میں اہم کردار ادا کر رہا ہے۔ مودی مغرب یہودیوں اور اسرائیل کے بھی پسندیدہ ہیں۔ چنانچہ امریکہ کی عالمہ شہرت کی مالک خبر رسانی اور عوامی روابط کی یہودی مشاورتی کمپنی APCO WORLDWIDE نے نریندر مودی کو وزیر اعظم بنانے کے لئے لابنگ LOBBYING کا کام کر رہی ہے۔ یہ بات APCO کی سی ای او (CEO) مار گری کراوس MRGERY KRAUS نے بتائی ہے اور دیگر انکشافات بھی کئے۔ اس فرم کے ہندوستان میں مینجنگ ڈائرکٹر MD سوکانتی گھوش نریندر مودی کو وزیر اعظم بنانے کی مہم کی انچارج ہیں۔ ہندوستان کے مشہور سفارت کار للت مان سنگھ (سابق سفیر برائے امریکہ و برطانیہ) بھی APCO سے متعلق ہیں اور نریندر مودی کی انتخابی مہم میں اے پی سی او کیلئے خدمات انجام دے ہیں۔ امریکہ کی اس فرم کی مودی کے لئے زبردست مہم یہودی اور ہندوستانی سرمایہ داروں کے مفادات کے تحفظ کے لئے ہے۔ بیرونی ممالک اور ہندوستانی میڈیا کی مودی کیلئے تائید کی دو وجوہات ہیں سب سے پہلے سرمایہ داروں کے مفادات اس کے بعد مسلم دشمنی، مودی نے گجرات میں سرمایہ داروں کو ناقابل یقین سہولتیں فراہم کی ہیں اور گجرات میں کوڑیوں کے مول ملنے

والی زمین، ناقابل تصور سستی بجلی، ٹیکسوں سے چھوٹ ارزاں خام مال اور کم سے کم اجرت پر افرادی قوت سرمایہ داروں کے لئے پر کشش ہے جس کے بل پر گجرات میں کم اجرت پر تیار کیا ہوا مال ہمارے ملک میں مہنگے داموں پر بکتا ہے۔ خطیر منافر بیرون ملک چلا جاتا ہے اس کا اثر ہمارے روپیہ کی قدر پر پڑا ہے۔ اس طرح صنعتوں کو گجرات میں فروغ حاصل ہوا ہے۔ اسی صنعتی ترقی کو وکاس (ترقی) کا نام دے کر میڈیا مودی کی قصیدہ گوئی میں مصروف ہے۔

وزارت عظمیٰ کے امیدوار کو میڈیا اس طرح پیش کر رہا ہے جیسے کہ وہ بی جے پی کے نامزد کردہ امیدوار ہیں بلکہ واقعی (اللہ نہ کرے) وزیر اعظم بن گئے ہیں۔ حالانکہ پہلا مرحلہ تو ان کی اپنے حلقے سے کامیابی ہے۔ اس کے بعد اگر بی جے پی یا این ڈی اے اقتدار میں آنے کے موقف میں ہو تو ان کی بات آگے بڑھے گی لیکن مودی کے وزیر اعظم بن سکنے کو یقینی بتاتا بھی ایک حربہ ہے۔ صیہونی ایسے کھیلوں کے ماہر ہیں۔

دوسری طرف میڈیا اب اس بات کا حلق پھاڑ کر پروپگنڈہ کرنے میں مصروف ہے کہ ۲۰۰۲ء کے سلسلے میں سپریم کورٹ کی ہدایت پر مودی کے رول کے بارے میں تحقیقات کرنے کیلئے بنائی گئی ٹیم SIT نے مودی کو جو کلین چٹ دی تھی اس کو عدالت نے تسلیم کرلیا ہے۔ حالانکہ یہ احمد آباد کے مجسٹریٹ کی ذیلی عدالت ہے ابھی کئی عدالتیں باقی ہیں اور اگر اعلیٰ عدالتوں میں جرم ثابت نہ ہوسکے اور ”معاشرہ کے اجتماعی ضمیر کی تسلی“ کو عدالتیں ضروری نہ سمجھ کر ان کو بری اگر کر بھی دیں تو بہ حیثیت وزیر اعلیٰ ان کی اخلاقی ذمہ داری سے ان کو نہ صرف دنیا کی کوئی عدالت بری نہیں کر سکتی ہیں۔ اس وزیر اعلیٰ کی کارکردگی کے معیار پر سوال ضروری اٹھیں گے۔ جس کی ریاست میں مہینوں فساد ہوتے رہیں۔ دو ہزار سے زیادہ افراد کو قتل کیا جائے ہزاروں کو بے گھر اور

تباہ وبرباد کر دیا جائے۔ ایسا شخص بھلا ملک کی وزارت عظمیٰ کیسے سنبھال سکے گا۔ جو اس قتل وغارت گری کی پر فخر کرتے ہوئے "گورو" ریالیاں کرے معذرت خواہی تو دور رہی (۱۲) سال کے بعد اظہار افسوس کرے تو بھی بے دلی سے اور رسمی انداز میں جس کے گجرات میں ترقی کے دعوے جھوٹے ثابت ہو چکے ہوں وہ بھلا کس طرح قابل اعتماد ہو سکتا ہے۔

اخبارات اور خاص طور پر خانگی ٹی وی چینلز کی بڑی تعداد کو مودی کے حامیوں نے مودی کے پروپگنڈے کے لئے بلاشہ کرایہ پر حاصل کرر کھا ہے اور ٹی وی کے خریدے ہوئے وقت کی قیمت پر کروڑون خرچ ہورہے ہیں۔ مودی جس طرح اپنی تشہیر کے لئے کروڑوں خرچ کرر ہے ہیں۔ اتنے غیر معمولی اخراجات کی متحمل کوئی دوسری پارٹی نہیں ہوسکتی ہے۔ کیا یہ عدم مساوات نہیں ہے اور عدم مساوات جمہوریت کی بنیاد پر کاری ضرب لگاتی ہے۔

الیکشن کمیشن تو انتخابات کے اعلان کے بعد تمام امیدواروں کے انتخابی اخراجات پر نظر رکھتا ہے لیکن اس سے قبل یعنی انتخابات کے اعلان سے قبل مودی جو کروڑوں کے اخراجات کرر ہے ہیں وہ کس کھاتے میں جائیں گے؟

اس بارے میں الیکشن کمیشن ہی نہیں بلکہ سپریم کورٹ (عدالت عظمیٰ) کو بھی متوجہ کرنا چاہئے۔ یہ اہم معاملہ فوری توجہ کا مستحق ہے۔

میڈیا جس وجہ سے بھی مودی کی اس طرح تشہیر کر رہا ہے وہ از خود قابل اعتراض ہے۔ مودی کے ہر جلسے، ہر ریالی اور ہر تقریر اور گفتگو کو بالراست (Live) ٹیلی کاسٹ کیا جاتا ہے۔ اس قسم کی تشہیر جس کی مثال ملنی مشکل ہے انتہائی قابل اعتراض ہے۔

یہی نہیں بلکہ بیشتر ٹی وی چینلز پر مذاکرات یا ٹی وی پر ہونے والی گفتگو میں مودی کی

تشہیر کرنے والے افراد کو دوسروں سے زیادہ وقت دیا جاتا ہے۔ مودی کے مخالفوں کو اول تو بولنے کا موقعہ اینکر صاحب کم دیتے ہیں یا جو بھی وقت دیا جاتا ہے اس میں بی جے پی کے حامی انتہائی بد اخلاقی بلکہ بے ہودگی اور بد تمیزی کا مظاہرہ کرتے ہوئے حلق کے بل چیخ چیخ کر مودی کی مخالفت میں بولنے والے کو بولنے ہی نہیں دیتے ہیں۔ ہم یہ نہیں کہتے ہیں کہ ان باتوں کی وجہ سے مودی کی کامیابی یقینی ہو سکتی ہے تاہم ٹی وی سے جس طرح مودی کی تشہیر ناجائز طریقوں سے ہو رہی ہے وہ قانونی طور پر صحیح بھی ہو تو اخلاقی طور پر قابل مذمت ہے اور جمہوری روایات ہی کے خلاف نہیں ہے بلکہ اس سے دنیا کی سب سے بڑی جمہوریت کی بدنامی ہو سکتی ہے۔ بی جے پی کو اس طرح صریحاً دھاندلی کا موقعہ دینا قطعی غیر اخلاقی حرکت ہے۔

الیکشن کمیشن اور عدالتیں قواعد و ضوابط کے احاطہ میں محصور ہیں لیکن میڈیا سے متعلق ادارے پریس کونسل وغیرہ کو اس جانبداری اور دھاندلی کا تدارک کرنا چاہئے۔ ماضی میں اگر کوئی خبر بطور اشتہار شائع کی جاتی تو کونے میں اور غیر نمایاں طور پر سہی لفظ اشتہار لکھ دیا جاتا تھا۔ آج کل اس پر عمل نہیں ہوتا ہے۔ ہر ٹی وی کچھ پروگروام "اسپانسر" کئے جاتے ہیں اور کفیل یا اسپانسر کا نام دیا جاتا ہے۔ اسی طرح مودی کے لئے خصوصی پروگراموں کو بھی اسپانسرڈ، کفایت شدہ، بتایا جانا چاہئے۔ مودی کی لن ترانیوں، بیہودہ گوئی کی بالراست ٹیلی کاسٹ سے ٹی وی چینل اپنی ساکھ متاثر کر رہے ہیں۔ یہ سوالات فوری توجہ کے مستحق ہیں۔

***

# مسلمان اور بی جے پی - پس منظر و منظر

بی جے پی سے مسلمانوں کی وابستگی کا مسئلہ ان لوگوں کے لئے (جنہوں نے ۱۹۲۵ء میں ڈاکٹر کیشو بلی رام ہیڈگیوار کی قائم کردہ آر ایس ایس (راشٹریہ سوئم سنگھ) کے مقاصد اور آر ایس ایس کے اہم قائد گولوالکر کے نظریات پر مبنی کتاب "بنچ آف تھاٹس Bunch of Thoughts" سے واقف ہوں) کوئی معنی، اہمیت اور قابل توجہ نہیں ہے۔ آر ایس ایس پر مہاتما گاندھی کے قتل کی سازش کا الزام پہلے ہی قانونی موشگافیوں اور آر ایس ایس کے لئے سردار پٹیل کے دل میں اندرونی اور خفیہ نرم گوشوں کی وجہ سے ہو سکا تو دوسری طرف آر ایس ایس پر پابندی بھی برقرار نہ رہ سکی۔ آر ایس ایس کے مشکوک ہو جانے کے خدشات کے پیش نظر آر ایس ایس کے کاموں کو آگے بڑھانے کے لئے ۱۹۵۱ء میں شیاما پرشاد مکرجی نے "جن سنگھ" قائم کی تھی۔ اندرا گاندھی کی نافذ کردہ ہنگامی حالت (ایمرجنسی) کے بعد ہونے والے انتخابات میں جن سنگھ جے پرکاش نارائن کی جنتا پارٹی میں شامل ہو گئی لیکن اپنی منافقت کی وجہ سے جنتا پارٹی سے الگ ہو کر "بھارتیہ جنتا پارٹی بن گئی اور تاحال برقرار ہے۔

جن سنگھ اور بھارتیہ جنتا پارٹی میں آٹے میں نمک کے مصداق چند مسلمان یا مسلمان ناموں والے لوگ ہمیشہ شامل رہے جو چند نام ہم کو ان کو یاد ہیں۔ ان میں سکندر بخت، عبدالرحمن اور عارف بیگ شامل ہیں۔ بی جے پی میں جو نئے چہرے آئے ان میں

مختار عباس نقوی اور شاہنواز حسین ہیں (ان اصحاب کے ناموں کے ساتھ غم رسولؐ) سید ناعباسؓ اور نواسۂ رسول صلعم سید نا حسینؓ کے نام شامل کرنا ہمیں اچھا نہیں لگتا ہے۔ بی جے پی میں کبھی عارف محمد خان نامی علی گڑھ مسلم یونیورسٹی کے مشہور طالب علم قائد بھی شامل تھے۔ بی جے پی نے مسلمانوں سے جس قدر دلچسپی کا اظہار ۲۰۱۴ء کے انتخابات کے موقع پر کیا ایسا شائد ہی کبھی کیا ہو یہ غالباً بی جے پی کی سب سے بدنام بلکہ مسلمانوں کے لئے سب سے زیادہ ناپسندیدہ اور کراہیت آمیز شخصیت مودی کے لئے کیا جارہاہے ورنہ اس سے قبل بی جے پی نے کبھی مسلمانوں میں دلچسپی نہیں لی۔ سکندر بخت اور عارف بیگ جن سنگھ کی طرف سے مرارجی دیسائی کی کابینہ میں شامل تھے۔ عارف محمد خاں ۲۰۰۷ء میں اپنی "ناقدری" کی وجہ سے بی جے پی سے نکل گئے۔ مختار نقوسی اور شاہنواز نے ضرور کچھ مقام و مرتبہ بی جے پی میں پایا۔ رام پور سے نقوی اور دربھنگہ (غالباً) سے شاہنواز کا انتخاب مسلم رائے دہندوں کی وجہ سے نہیں بلکہ مسلم ووٹس کی تقسیم کی وجہ سے ہوا جبکہ غیر مسلم ووٹس ان کو ملے جو ان کی کامیابی کا اصل سبب ہے۔ مختصر یہ کہ بی جے پی سے سدا مسلمان دور رہے اور بی جے پی مسلمانوں سے دور رہی ہے۔ ماضی میں بی جے پی کی مسلمانوں سے قدرے قربت کا کوئی اہم یا قابل ذکر واقعہ ہے تو وہ یہ ہے لکھنو سے جب اٹل بہاری واجپائی نے انتخاب لڑا تھا تو چند سنی اور شیعہ مسلمانوں کی خاصی تعداد نے واجپائی کو ووٹ دیا تھا اور ۲۰۰۴ء میں ضمیر فروش مسلمانوں نے واجپای حمایت کمیٹی بنائی تھی جس میں گجرات اور ممبئی کے چند مسلمان تاجر، دہلی کے چند مولوی صاحبان اور اردو کے تین ممتاز شاعر بشیر بدر، منظر بھوپالی اور ساغر اعظمی شامل تھے۔ اس کے کمیٹی کے ارکان کو مسلمانوں کی حمایت تو خیر کیا ملتی ہاں ملامت بہت ملی۔ بشیر بدر آج تک مشاعروں سے غائب ہیں۔ منظر بھوپالی بہ مشکل مشاعروں میں واپس آئے۔

ساغر اعظمی اللہ کو پیارے ہو گئے۔ دہلی کے مولوی صاحبان تو اپنی شخصیت کو مکروہ سے مکروہ ترین بنانے کے لئے اسرائیل جا کر ان لعنتوں اور ملامتوں میں شریک ہو گئے جو اللہ رب العالمین نے بنی اسرائیل کا مقدر کر رکھی ہیں (اسرائیل جانے والوں کے نام ہم نے عمداً نہیں ظاہر کئے ہیں)

مندرجہ بالا واقعات اور حالیہ واقعات کے درمیان مسلمانوں سے بی جے پی کے تعلقات کے ضمن میں کوئی خاص بات قابل ذکر نہیں ہے۔ مودی کے ایک خوشامدی مسلمان تاجر (ظفر سریش والا) نے اردو کے ایک ممتاز صحافی کو مودی کا انٹرویو لینے کے لئے راضی کیا مودی کا تو کوئی فائدہ نہیں ہوا ہاں اردو رسالے کے ایڈیٹر کی ساکھ پر خاصہ اثر پڑا اور تنقیدوں کا نشانہ بنے۔ مختصر یہ کہ بی جے پی اور مودی نے مسلمانوں سے برائے نام دلچسپی لی۔ گجرات چند مسلمان تاجر (جن میں بیشتر فرقہ بواہیر سے تعلق رکھتے ہیں) تجارتی مراعات کے حصول کے لئے مودی کی کاسہ لیسی ضرور کی تھی۔ ایک ممتاز مولانا کو مودی کی تعریف اس قدر مہنگی پڑی کہ مولانا کو ایک عظیم درس گاہ کا پروقار عہدہ چھوڑنا پڑا۔ غرض کہ مودی کے دربار میں جو بھی گیا وہ اس لعنتی دربار سے ملی ملامتوں میں غرق ہو کر نکلا بلکہ مستقلاً غرق ملامت رہا ہے۔ تقریباً ایک سال قبل مودی کے لئے ایک نام نہاد سمینار کیا گیا تو اس میں صرف ڈاکٹر سید ظفر محمود نے مودی کو ایسی کھری کری سنائی کہ مودی صرف اس قدر کہہ سکا کہ "اچھا کیا آپ نے کہ اپنی بات پہنچادی"۔

جب مودی وزیر اعظم کے عہدہ کا امیدوار بنا تو اس کو اس کے غیر ملکی شہروں نے سمجھایا کہ مسلمانوں کی مدد کے بغیر تم کامیاب نہیں ہوسکتے تو اس کو مسلمانوں کا خیال آیا اور جلسوں میں داڑھی ٹوپی والوں اور برقع والیوں کو لانے کی کوشش کی جانے لگی۔ داڑھی ٹوپی اور برقع میں مسلمان مرد و خواتین ترغیب تحریص ڈرا دھمکا کر لائے گئے اور

نہ جانے کن کن کو ٹوپی برقع پہنا کر مسلمان بتایا جانے لگا کہ مودی کے جلسے میں مسلمان بھی تھے۔ یہ کھیل اب بھی جاری ہے جن میں اصل کم ہے فریب زیادہ ہے۔

مودی ۲۰۰۲ء کی تنگ انسانیت حرکتوں کے بعد مودی نے آج تک مسلمانوں سے معافی نہیں مانگی، اظہار ندامت نہیں کیا، فسادات میں بے گھر ہوئے لوگوں کی اکثریت اب بھی اپنے اصلی گھروں، دکانوں، کارخانوں اور کھیتوں سے دور ہے۔ ان کے اپنے مقامات پر آباد ہونے کے لئے مودی کی "غنڈہ فورس بلکہ مسلم دشمن" عناصر کو مودی نے کھلی چھوٹ دے رکھی ہے۔ مسلمانوں کے لئے مرکزی حکومت کی مرسلہ امداد اور تعلیمی وظائف کو مودی نے روک دیا۔ مساجد و دیگر مقدس مقامات کی مرمت و آرائش کے سلسلہ میں عدالت عظمیٰ کے احکامات کو مودی نے سپریم کورٹ کی سرزنش کے باوجود من و عن عمل نہیں کیا۔ فسادات کی تحقیقات کا کام "وکاس پرش" اور عمدہ حکمرانی کی مثال مودی نے مکمل ہونے نہیں دیا بلکہ عدالت عظمیٰ کے حکم پر بنائی گئی تحقیقاتی ٹیم کے سربراہ راگھون کو ناجائز طور پر اپنے حق میں کر کے نام نہاد کلین چٹ تو لے لی اور ایک نچلی عدالت سے اپنے حق میں فیصلہ لے لیا۔ (گجرات کے نظام عدل کی جانبداری اور معیار عدل کو عدالت عظمیٰ نے بھی ناقابل بھروسہ سمجھ کر کئی مقدمے گجرات سے باہر سماعت کروائے اور گجرات کی عدالت العالیہ کی کارکردگی پر سخت اعتراض بھی کئے تھے۔ پٹنہ کی ریلی میں بم دھماکوں کا شکار ہونے والوں سے اظہار ہمدردی کرنے والے مودی نے اپنی ریاست کے صدر مقام کے تباہ و برباد ہونے والوں اپنوں کی موت کا غم سہنے والوں سے ہمدردی کرنے کی مودی کی تہذیب اور کردار شائد اجازت نہیں دیتا ہے۔ مختصر یہ کہ مودی کی قابل ملامت حرکات اور متعصبانہ حکمرانی کی چند باتوں کا بیان ہی خاصہ طویل ہو گیا ہے۔

باوجود اس کے کہ انتخابی مہم کے دوران بی جے پی یا مودی کے شعبہ تشہیر (صرف مودی کے پروپگنڈے یا تشہیر کے لئے مودی کے ملکی اور غیر ملکی سرمایہ دار سرپرستوں نے خصوصی انتظام کیا ہے) مودی سے مسلمانوں کی دلچسپی ظاہر کرنے کے لئے ہر قسم کے ہتھکنڈے استعمال ہو رہے ہیں لیکن ملک بھر کے عام مسلمان رائے دہندے قطعی غیر متاثر ہیں۔ بی جے پی سے مسلمانوں کے تعلقات اتنے ہی غیر متاثر ہیں جتنے کہ مودی کی انتخابی مہم سے قبل تھے۔ مودی سے مسلمانوں کی دوری اور سرد مہری اللہ کے کرم سے جوں کی توں ہے۔ خدارا! مودی کی ریلیوں اور جلوسوں میں داڑھی ٹوپی اور برقعوں پر نہ جائیے اور مودی کے حق میں بلکہ تعریف و توصیف کے ساتھ ووٹ دینے کا اعلان کرنے والے چہروں اور مناظر پر مت جائیے ان کی نہ کوئی حقیقت ہے اور نہ اصلیت۔ ہندوستان جیسے غریب ملک میں چند جملے چند نوٹوں کے عوض کہنے والوں کی کمی نہیں ہے۔ ہاں انگریزی کے مشہور صحافی ایم جے اکبر کی بی جے پی میں شرکت سے بھی مسلمانوں کا موقف بدل نہ سکے گی۔ بلکہ اکبر کے اقدام سے مسلمانوں پر کوئی اثر نہ پڑے گا۔ ایم جے اکبر ہوں یا کوئی دوسرا مسلمان صحافی (جو انگریزی میں لکھتا ہے) ہو ان کو انگریزی جاننے سے لکھنے والے صحافیوں پر خود کو سیکولر، قوم پرست جدید و ترقی پسند خیالات کا حامل بننے کا بھوت سوار ہو جاتا ہے (ہاں بیرسٹر اے جی نورانی بلاشبہ ایک استثنائی صورت ہیں) اکبر کو بی جے پی کے قبول کرنے سے زیادہ اہمیت صابر علی کو قبول کرکے پارٹی سے نکال باہر کرنے کی اہمیت ہے۔ اکبر اور صابر علی کے واقعات سے مفاد پرست مسلمانوں کی ضمیر فروشی کا پتہ چلتا ہے تو بی جے پی کے ذہنی دیوالیہ پن کا بھی پتہ چلتا ہے ایم جے اکبر نے مسلمانوں کی تائید میں بے شک کم لکھا ہو گا لیکن بی جے پی کی مخالفت وہ بے شک کرتے رہے۔ ایسے بندے کو اور خاص طور پر صابر علی کو جھٹ پٹ قبول کرنا اس بات کی غمازی

ہے کہ ان کو صرف مسلم چہروں کی ضرورت ہے۔ آج یہ کوئی نہیں لکھتا ہے کہ ۱۹۹۰ء میں بابری مسجد کی شہادت اور رام مندر کی تعمیر کی مخالفت کرنے والے اور عمر کا بڑا حصہ کانگریس کی حمایت کرنے والا اچانک بی جے پی میں صرف اپنے ذاتی مفادات اور مقاصد کی خاطر آسکتا ہے وہ آئے اور پارٹی کے ترجمان بھی بن گئے۔ شائد الیکشن بھی لڑے دوسری طرف صابر علی کی آناً فاناً بی جے پی میں شرکت اور اخراج سے جس قدر صابر علی کی ذلت و توہین ہوئی اس سے زیادہ بی جے پی کی ہوئی اور مختار نقوی کے اس جذبہ کا بھی ثبوت ملا کہ وہ مسلم نام رکھنے والے افراد کا بی جے پی میں آنا پسند نہیں کرتے ہیں۔ حال ہی میں بی جے پی میں جو کچھ ہوا اس کے کسی قائد کی لہر چلنے کا سوال ہی پیدا نہیں ہوتا ہے اور جس پارٹی یا لیڈر کی لہر چلتی ہے اس پر اس کے انتخابی جلسوں پر حملوں کی من گھڑت، بے بنیاد اور جعلی سازشوں کے ڈرامے نہیں کئے جاتے ہیں۔ ایجنسیوں نے مودی کے خلاف سازشوں کے بہانے اور دہشت گردی کے واقعات کے سالوں بعد اس کے مجرموں کو انتخابات سے قبل گرفتار کرنے کے ڈراموں سے مودی اور کانگریس کے دوستوں کا ہی فائدہ ہے لیکن مسلمان ووٹرس بی جے پی کے ساتھ ساتھ کانگریس سے بھی مزید دور ہوسکتے ہیں۔ مسلم تائید و حمایت کے فسانوں، ڈراموں اور پروپگنڈے اور بے قصور معصوم افراد کی گرفتاریوں سے نہ مودی اور نہ پی بی جے پی کامیاب ہوسکتی ہے۔ پروپگنڈے، جعلی سروے رپورٹس اور ڈراموں سے کوئی پارٹی کامیاب نہیں ہوسکتی ہے۔

***

# مودی راج میں قاتلوں کی عزت

ہندوستان کو دنیا بھر کے ممالک میں اپنی بعض منفرد خصوصیات کی وجہ نمایاں حیثیت اور عزت واحترام حاصل ہے۔ جن کی وجہ سے ہر ہندوستانی خود کو ہندوستانی کہنے میں فخر محسوس کرتا ہے۔ آج ملک کچھ ایسے حالات سے گزر رہا ہے جس کی وجہ سے عالمی برادری میں آج خود کو ہندوستانی کہہ کر فخر سے سر اٹھانے والا کل پتہ نہیں فخر سے سر اٹھانے کی جگہ اپنا سر جھکانے پر مجبور ہوگا کیونکہ آج ہندوستان میں بابائے قوم مہاتما گاندھی کے قاتل کی پرستش کے لئے مندر تعمیر کئے جانے کی تجویز پر عمل شروع ہو گیا ہے۔ ناتھورام گوڈسے (جس کو پھانسی کی سزا دی گئی تھی) کی پرستش کے لئے ہندو مہاسبھا نے مندر تعمیر کرنے کا نہ صرف اعلان کیا ہے بلکہ مندر کی تعمیر کے لئے مندر کی مجوزہ زمین پر دھوم سے دھام "بھومی پوجن" کی رسم بھی ادا ہو چکی ہے۔ ہندوستان شائد دنیا کا پہلا ایسا بدقسمت ملک ہے جہاں پر اپنے بابائے قوم (مہاتما گاندھی) کے قاتل کو خدا مان کر اس کی عبادت کرنے کے لئے اس کی مورتی کے لئے مندر تعمیر کیا جارہا ہے! اس واقعہ پر مرکزی حکومت اور وزیر اعظم خاموش ہیں اور یوپی کی ریاستی حکومت کا رویہ ناقابل فہم ہے۔

تازہ ترین اطلاعات کے مطابق سہراب الدین قتل مقدمہ میں بھی سی بی آئی نے صدر بی جے پی امت شاہ کو بچالیا ہے۔ کسی ریاست میں بم کا ایک دھماکہ ہو تو مودی اور

وزیر داخلہ راج ناتھ سنگھ رپورٹ طلب کرنے میں تاخیر نہیں کرتے ہیں۔ مغربی بنگال میں بردوان کے معمولی دھماکے کی تحقیقات مرکزی تحقیقاتی ایجنسیاں وزیر اعلیٰ ممتا بنرجی کی مرضی کے خلاف تحقیقات شروع کردیتی ہیں۔ وزیر اعظم کے قومی سلامتی کے مشیر حرکت میں آجاتے ہیں لیکن گوڈسے کی پوجا کے لئے مندر کی تعمیر کا اعلان درجنوں خوفناک بموں کے دھماکوں سے زیادہ بھیانک دھماکہ ہے لیکن واہ رے اچھی حکمرانی کے دعویدار نریندر مودی پر اس کا کوئی اثر نہیں ہے کیونکہ ہندومہاسبھا بھی سنگھ پریوار سے الگ نہیں ہے ویسے اس مسئلہ پر آر ایس ایس کی نریندر مودی حکومت (جی ہاں بی جے پی کی حکومت دراصل آر ایس ایس ہی کی حکومت ہے) کے رویہ پر کسی تعجب و حیرت کی ضرورت نہیں ہے کیونکہ واجپائی کی حکومت نے مہاتما گاندھی کے ہی قتل میں ملوث رہنے کے ملزم اور فرقہ پرست ساورکر جیسے فرد کی تصویر پارلیمان کے سنٹرل ہال میں آویزاں کی تھی (افسوس اس دور کی قائد حزب اختلاف سونیا گاندھی نے احتجاج کی تک ضرورت نہیں سمجھی تھی) اور اب مودی حکومت نے واجپائی اور مدن موہن مالویہ کو بھارت رتن سے سرفراز کیا ہے۔ واجپائی کی حد تک تو بھارت رتن کی بات کراہیت کے ساتھ یا طوعاً و کرہاً قبول کیا جاسکتا ہے لیکن مدن موہن مالویہ کو صرف ہندتو کے علم بردار ہی بھارت رتن کا حق دار کہہ سکتے ہیں۔ ملک کی جنگ آزادی کے زمانے کی تاریخ سے معمولی واقفیت رکھنے والا فرد بھی مدن موہن مالویہ کی کوکٹر فرقہ پرست قائد کی حیثیت سے جانتا ہے گوکہ بی جے پی کے بانی شیاماپرشا مگرجی کا تعلق بھی ہندومہاسبھا سے ہی تھا اس لئے مودی ہوں یا کسی اور بھاجپائی کے لئے بی جے پی اور جن سنگھ کی طرح ہندومہاسبھا بھی اہم اور قابل احترام اور تقلید ہے۔ تاہم حکومت سے باہر رہنے والی سیاسی جماعت (خواہ وہ کوئی جماعت ہو) کو برسر اقتدار آنے کے بعد ذمہ داری کا احساس کرتے ہوئے

اقتدار کی مسند کا احترام کرنا چاہئے۔ آج مودی مدن موہن مالویہ کو بھارت رتن دیا گیا ہے تو پھر بعد از مرگ ہیڈ گوار، گول والکر، ڈاکٹر مونجے ساور کر اور شیاما پرشاد مکرجی کو ہی نہیں بلکہ گوڈ سے کو بھی بھارت رتن دیا جاسکتا ہے ہاں بال ٹھاکرے، اشوک سنگھل، پروین توگاڑیہ کو بھی بھارت رتن دیا جاسکتا ہے کیونکہ "اب کی بار دو مودی سرکار" آئی ہے وہ اللہ نے چاہا تو پھر کبھی تو آنے والی نہیں ہے اگر بی جے پی فراخ دل ہے تو کانگریس کے بھی پرشوتم داس ٹنڈن، سردار پٹیل، پنڈت گووند ولبھ پنت اور کئی کانگریسی قائدین کو بھی مودی سرکار کے معیار سے بھارت رتن دیا جاسکتا ہے۔

بھارت رتن پر خیال آتا ہے کہ بھارت رتن کے لئے گزشتہ سال ہی سے مختلف مسلم و غیر مسلم حلقوں سے مرحوم بہادر شاہ ظفر اور مرزا غالب کو بھی بھارت رتن دیئے جانے کی بات زور شور سے کہی جاتی رہی ہے لیکن نہ موہن سنگھ حکومت نے اور نہ ہی مودی سرکار نے اس اہم اور جاندار مطالبے کو قابل غور سمجھا۔

اس سال مودی سرکار نے واجپائی اور مدن موہن مایویہ کو بھارت رتن دے دیا جیسا کہ اوپر عرض کیا جاچکا ہے مدن موہن مایویہ کو ایوارڈ مایویہ کو ہندو مہاسبھا کے تعلق کی وجہ سے دیا گیا ہے۔ صحافت اور ان کا بنارس ہندو۔ یونیورسٹی سے تعلق ایوارڈ کا کوئی مواز ہے تو ہندوستان مایویہ سے بہت ایسے افراد موجود گزرے ہیں جنہوں نے تعلیم کے فروغ میں سنہرے کارنامے انجام دیئے ہیں۔ جنگ آزادی میں مدن موہن مایویہ جیسے بے شمار کارنامے انجام دیئے ہیں۔ جنگ آزادی میں مدن موہن مایویہ جیسے بے شمار افراد تو ملک کے ہر حصہ میں موجود تھے۔ مایویہ سے بلند مرتبہ قائدین کی جدوجہد آزادی میں کمی نہیں ہے بلکہ مایویہ سے زیادہ بڑے اور محترم قائد بھی گئی ہیں۔

اگر مسلمانوں میں ہی دیکھا جائے تو جو متحدہ ہندوستان میں ہمیشہ آبادی کا ایک

چوتھائی حصہ رہے تھے مجاہدین آزادی میں مولانا محمد علی جوہر، ابوالکلام آزاد، مولانا شوکت علی، ڈاکٹر مختار احمد انصاری، حکیم اجمل خاں شامل ہیں۔ ماہرین تعلیم اور فروغ تعلیم کے سلسلے میں کام کرنے والوں میں نظام ہفتم عثمان علی خاں اور سرسید احمد خاں کا ثانی ملنا مسلمان ہی نہیں تمام فرقوں میں ناممکن ہے۔ انگریزی صحافت میں مولانا محمد علی جوہر نے جیسے صحافی کا ہندوستان میں آزادی سے قبل اور بعد میں بھی مد مقابل ناممکن ہے بلکہ انگریزی صحافت میں بھی ملک سے باہر بھی ان کو جو شہرت ملی اس کا تصور ناممکن ہے لیکن ان میں کوئی خرابی یا منفی بات ہے تو ان کا مسلمان ہونا ہی ہے (اس موقعہ پر عمداً بعض ہم نے مسلم قائدین کا ذکر نہیں کیا ہے)۔

مودی کی حکومت یہ کوشش ہے کہ ملک کے سیکولر قائدین کی شبیہ مسخ کی جائے اور اگر مسخ نہ کی جاسکے تو ان کی تاریخی، سیاسی علمی و ادبی حیثیت کم کی جائے اور ہندتو کے نظریات سے اتفاق رکھنے والے قائدین کا پروپیگنڈہ کیا جائے ان کے قد کو مصنوعی من گھڑت جھوٹی سچی داستانوں سے آڑاستہ کیا جائے چنانچہ اس سلسلے میں مولانا محمد علی جوہر، ابوالکلام آزاد کا تو ذکر ہی بھلا دینے کا منصوبہ ہے تو مہاتما گاندھی، جوہر لال نہرو اور اندرا گاندھی کو حسب توثیق بے بنیاد اور بے جواز تنقیدوں و اعتراضات کا نشانہ بنا کر ان کے کارناموں کو نظر انداز کر کے ان سے متعلق ایام، اداروں اور ٹرسٹس وغیرہ تک کو نظر انداز کیا جارہا ہے یا ان کے نام بدلے جائیں تو گویا اب یہ طئے ہے سیکولر قائدین کو حاشیے پر لگا کر سردار پٹیل، مالویہ، شیاما پرشاد مکرجی وغیرہ کو ہر طرح اہمیت دی جائے۔ مودی اپنی تقاریر میں گاندھی، نہرو اور دیگر قائدین کی طرح قومی نعرہ جئے ہند کی جگہ خالص ہندتو نعرہ بھارت ماتا کی جئے کہتے ہیں۔

سی بی آئی کو اپنا تابعدار بنا کر اس کو اپنے مقصد کے لئے استعمال کرنے کا اعتراض

عدالت عظمیٰ نے حکومتوں پر کیا تھا۔ بی جے پی اپنے دور میں اس کا استعمال زیادہ ہی کرتی ہے۔ بابری مسجد انہدام مقدمہ میں اڈوانی کو راحت ملی تھی۔ اب سی بی آئی نے صدر بی جے پی امت شاہ کو سہراب الدین مقدمہ میں تین افراد کے قتل سے راحت دلانے کے لئے عدالت میں امت شاہ کی مخالفت کمزور اور غیر موثر کرکے امت شاہ کو سی بی آئی نے بچا لیا ہے۔

مودی پر آمرانہ اور فسطائی طریقوں کو اپنانے کا الزام غلط ہے کیونکہ مودی کو آمرانہ اور فسطائی طریقے ہی نہیں ہر معاملے میں فرقہ پرستی کا مظاہرہ کرنے کا حکم آر ایس ایس نے ہی دے رکھا ہے۔

***

# مصر میں فرعون لوٹ آئے

مصر دریائے نیل کے علاوہ فرعونوں کے لئے بھی مشہور ہے۔ حضرت موسیٰ علیہ السلام کے وقت کا فرعون (راعمسیس) کی لاش لندن کے میوزیم میں محفوظ ہے۔ راعمسیس بنی اسرائیل کی وجہ سے مارا گیا تھا لیکن مصر کا آج کل کا فرعون اسرائیل کی خاطر اسلام پسندوں کی حکومت ختم کرکے اسرائیل نوازی میں مصروف ہے۔

مصر کے حالات پر بار بار قلم اٹھانے کے لئے نہ صرف ہم بلکہ بیشتر کالم نویس مجبور ہیں۔ اب یہ بات واضح ہوچکی ہے کہ مصر میں سابق صدر محمد مرسی سے بدترین بلکہ شرمناک غداری کرتے ہوئے جنرل عبدالفتاح السیسی نے بغاوت کی۔ یہ انقلاب کسی طرح بھی نہیں ہے۔ جنرل السیسی کے پٹھو صدر عدلی منصور کی حکومت اسرائیل کو مختلف النوع فوائد سے نواز رہی ہے تو دوسری طرف فلسطین کے مظلوموں کے ساتھ وہی کچھ کررہی ہے جو اسرائیل چاہتا ہے نیز اخوان المسلمین کو پھر ایک بار کچلنے کی کوشش کی جارہی ہے۔ اس طرح ہم کہہ سکتے ہیں کہ مصر کی عارضی حکومت اسلام دشمنی پر کمربستہ ہے جس کی وجہ سے عالم اسلام، عالم عرب اور فلسطینیوں کے لئے جنرل السیسی کی غداری بہت مہنگی پڑ رہی ہے۔

آیئے ایک نظر مصر کی عارضی حکومت کے چند اہم لیکن مسلمانوں کے لئے انتہائی نقصان دہ اقدامات پر ڈالیں اور دیکھیں کہ اسلام پسندوں کے خلاف بغاوت کرکے

برسراقتدار آنے والی حکومت کس قدر اسلام دشمن ہے! لیکن اس سے قبل یہ بتانا ضروری ہے کہ محمد مرسی کے خلاف بغاوت کرکے ان کی حکومت کا خاتمہ کرنے کے لئے متحدہ عرب امارات کی حکومت نے کس قدر شرمناک کردار ادا کیا ہے۔

سابق صدر مرسی نے پورٹ سعید نامی شہر کے قریب ایک اہم تعمیری منصوبہ سوئز پروجیکٹ کے نام سے شروع کیا تھا اس منصوبے میں ایک بندرگاہ سیاحتی، تجارتی، صنعتی اور عسکری مراکز کی تعمیر شامل ہے۔ بظاہر امارات کا کہنا ہے کہ صدر مرسی سوئز پروجیکٹ کا اثر امارات کی سیاحت اور تجارت پر پڑے گا۔ مصر کو اس پروجیکٹ سے سالانہ سوا ارب ڈالر کی آمدنی متوقع تھی۔ عربی کے ممتاز جریدے الشروق (جو الجزائر سے شائع ہوتا ہے) نے اس سلسلے میں ساری تفصیل شائع کی ہے جس کے مطابق متحدہ عرب امارات نے جنرل عبدالفتاح کو ایک ارب ڈالر کی رشوت دے کر بغاوت کے لئے آمادہ کیا تھا۔

محمد مرسی کے برسراقتدار آتے ہی ان کے خلاف امریکہ و اسرائیل اور امریکہ کے تابعدار عرب ممالک نے سازشوں کا جال بہ کمال عیاری بننا شروع کردیا تھا۔

تازہ ترین اطلاعات کے مطابق غزہ میں اسرائیل کی ناکہ بندی کو کامیاب بنانے کے لئے جنرل السیسی کی حکومت وہی کررہی ہے جو اپنے وقت کے فرعون حسنی مبارک نے کیا تھا یعنی مصر اور غزہ کو جوڑنے والی تمام سرنگوں کو بند کر دیا گیا ہے ان ہی سرنگوں سے مصر سے خوراک اور دیگر تمام ضروری اشیاء غزہ فراہم کی جاتی ہیں۔ رمضان المبارک کے مہینے میں ظالم سے ظالم افراد بھی روزہ داروں سے رعایت کرتے ہیں لیکن مصری حکومت نے فلسطینیوں کو سحر و افطار کے لئے درکار اشیاء سے محروم کردیا ہے۔ غزہ میں شدید غذائی قلت ہے۔ مصر کے اخبار الاحرام نے بتایا ہے کہ اسرائیل کے دشمن نمبر ایک "حماس"

(جو مرسی کی حمایت کرتی ہے) کے خلاف یہ انتقامی کارروائی ہے۔

ممتاز برطانوی اخبار گارجین نے بھی انسانی حقوق کے ادارے کے حوالے سے ان سرنگوں کے بند کئے جانے اور غزہ کے ابتر حالات کی تصدیق کی ہے۔ مصر کی افواج کی تابعدار حکومت کے اس اقدام پر خاموش ہے۔ ویسے بھی عرب ممالک میں یہ ہمت نہیں ہے کہ وہ ظلم کے خلاف آواز اٹھائیں۔ امریکہ کے عراق پر قبضے سے قبل اقوام متحدہ نے عراق پر شدید پابندیاں عائد کی تھیں۔ عراقیوں نے بے پناہ اذیت اٹھائی تھی۔ لاکھوں شیر خوار بچے ہلاک ہوگئے لیکن عرب حکومتوں کے کان پر جوں نہ رینگ سکی تھی۔ غزہ بھی سالوں سے ناکہ بندی کی اذیت جھیل رہا ہے اور عالم عرب خاموش ہے!

غزہ کی سرنگیں بند کرکے ان کو اشیائے خوردنوش، پٹرول اور جان بچانے والی دواؤں اور کئی دیگر ضروری اشیاء سے فلسطینیوں کو ناقابل مصائب سے دوچار کرنے والی مصری فوج نے اسرائیل کو گیس کی فراہمی (وہ بھی سستے داموں) بحال کردی ہے۔ حسنی مبارک اسرائیل کو انتہائی کم قیمت پر گیس فراہم کرتا تھا۔ محمد مرسی نے گیس کی فراہمی موقوف کردی تھی لیکن عارضی حکومت نے بلا تاخیر یہ فراہمی بحال کردی!

امریکہ اور اسرائیل کی پٹھو یہ عبوری حکومت ان منصوبوں اور معاہدات کی جو حسنی مبارک کی حکومت نے امریکہ کے حکم یا اسرائیل نوازی کی خاطر اسرائیل کی حکومت سے کئے تھے ان کی تجدید و تکمیل میں مصروف ہے۔ ایک اور منصوبہ ایلات (اسرائیل) کے ساحل پر مصری سرحد کے قریب راکٹوں کو روکنے اور ان کو تباہ کرنے کے لئے فضائی دفاعی نظام نصب کرنے کا ہے۔ اس جاسوسی مرکز سے اسرائیل اپنے خلاف کئے جانے والے تمام اقدامات اور سرگرمیوں کی جاسوسی کرسکے گا۔

اسرائیلی جاسوسی مرکز کی حفاظت کے لئے زیر سمندر دیوار کا کام صدر مرسی نے

رکوادیا تھا اس طرح صدر مرسی نے اسرائیل کے اہم جارحانہ منصوبوں کو ناکام بنانا شروع کر دیا تھا۔ اب مصر عربوں کے خلاف استعمال کئے جانے والے منصوبوں کی تکمیل میں اسرائیل کا معاون ہے!۔

مصر کی عارضی حکومت (جو جنرل السیسی کی تابعدار ہے) جس کے وزیر اعظم عدلی منصور (جو ایک یہودی ہیں) فی الحال غیر مستحکم ہے لیکن اس کا مقصد اسرائیل نوازی ہے۔ اسی لئے اقتدار سنبھالتے ہی اس نے اسرائیل کو فائدے پہچانے کے لئے اقدامات شروع کر دئے ہیں۔ وہ مصر (جس کی عسکری قوت اور صلاحیت سے اسرائیل خائف رہا کرتا تھا عرب ممالک میں مصر اسرائیل کا اصل حریف تھا لیکن سابق فرعون حسنی مبارک اور موجودہ فرعون عبدالفتاح السیسی عربوں ہی کے خلاف اسرائیل کو جاسوسی سرگرمیوں کا مرکز بنانے میں تعاون کر رہے ہیں۔

حسنی مبارک نے اسرائیل کو مصر کے سمندری حدود میں جاسوسی مرکز ہی نہیں بلکہ اس مرکز کی حفاظت کے لئے زیر سمندر بہ طور حصار ایک دیوار کی تعمیر کی اجازت دے دی تھی لیکن حسنی مبارک کے بعد محمد مرسی نے اس کام کو رکوادیا تھا۔ اس جاسوسی مرکز سے اسرائیل نہ صرف فلسطین اور مصر بلکہ دور دور تک عرب علاقوں کی نگرانی اور مجاہدین فلسطین کی سرگرمیوں کی جاسوسی کر سکے گا۔ مصری حکومت کی عالم عرب، مجاہدین فلسطین بلکہ عالم اسلام سے یہ غداری ناقابل معافی ہے!

مصر کی یہ بغاوت صرف محمد مرسی کی حکومت ختم کرنے کے لئے نہیں کی گئی بلکہ اس کا سب سے بڑا مقصد اخوان المسلمین کا مکمل صفایہ کرنا ہے۔ (انشاء اللہ یہ ناممکن ہو گا) آمین۔

اخوان المسلمین کے تمام قائدین گرفتار کرلئے گئے ہیں۔ اخوان کے اخبارات کی

اشاعت اور ٹی وی چینلز بند کر دیئے گئے۔ جامعہ الازہر کے اساتذہ، طلباء اور علماء کو موافق مرسی مظاہروں میں شریک نہ ہونے دینے کے لئے جامعہ ازہر کے تمام دروازے بند کر دیئے گئے تھے اور ظہر کی اذان لارڈا سپیکر سے دینے کی اجازت نہیں دی گئی۔ یہی سب کچھ اگر کوئی غیر مسلم حکومت کرتی تو ساری دنیامین احتجاج کیا جاتا۔

مصری فوج و پولیس اخوانیوں پر ای بیدردی سے گولیاں چلارہی ہے جیسے اسرائیلی فوج فلسطینیوں پر چلاتی ہے۔ سچ تو یہ ہے کہ مصر میں اخوانیوں کو ایک اور فرعون جمال عبد الناصر کے دور حکومت میں ڈھیل دیا گیا ہے۔ اخوان المسلمین سے فوجی حکومت جو سلوک کر رہی ہے اس سے ان تمام الزامات کی خود بخود تردید ہوگئی ہے جو صدر مرسی اور ان کی حکومت پر عائد کئے گئے تھے اور ثابت ہوا کہ صدر مرسی اور اخوان سے اسرائیل کو لاحق خطرات کو دور کرنا اس بغاوت کا مقصد ہے۔ صدر مرسی کے ساتھ وہی سلوک ہو رہا ہے جو اسرائیل ان کے ساتھ کرتا۔

مصر کے اس دستور کو (جو مرسی نے جمہوری طریقہ سے تیار کیا تھا تبدیل کرنے بلکہ اس کا اسلامی کردار ختم کرنے کی تیاریاں شروع ہو چکی ہیں۔ امریکہ اور اسرائیل کے ہاتھوں بکے ہوئے فوجی جنرل ویسا ہی دستور تیار کریں کے جس کا حکم ان کے آقا دیں گے۔ مصر کی خارجہ پالیسی کیسی ہوگی اس کا اندازہ اس سے لگایا جاسکتا ہے۔ امریکہ میں مصر کے سفیر ہوں گے وزیر خارجہ۔ مختصر یہ کہ اس وقت مصر میں اسلامی تحریکوں کی روح رواں اخوان المسلمین اور اس کے حلیفوں پر بلاشبہ برا وقت آپڑا ہے۔ ایسے برے اخوان پر اس سے قبل بھی پڑے ہیں۔ فرعون وقت نہ کبھی کامیاب ہوا ہے اور نہ ہوگا۔

"پھونکوں سے یہ چراغ بجھایا نہ جائے گا"

***

# شام کی خانہ جنگی سے اسرائیل کے خلاف مزاحمت کمزور؟

شام کے المیہ اور جاری خوں ریزی یا خون مسلم کی ارزانی کے ذکر سے پہلے ہم مسلمانوں کے قبلہ اول یا مسجد اقصی کو لاحق اس سنگین خطرے سے آگاہ کرنا چاہتے ہیں کہ عالمی صیہونی تحریک اور اسرائیل مسجد اقصیٰ کو (اللہ نہ کرے) شہید کرکے وہاں ہیکل سلیمانی کی تعمیر کے منصوبے کو روبہ عمل لانے کی تیاری مکمل کر چکے ہیں یہ کوئی ایسی انتہائی راز کی بات نہیں جس کا علم عالم اسلام اور مسلمان حکمرانوں کو نہ ہو لیکن وہ امریکہ کو ناراض کرنا نہیں چاہتے ہیں اس لئے وہ اس تعلق سے بے فکر شائد یوں ہیں کہ مسجد کو تو اللہ بچالے گا مگر میرا تاج میرا تخت میری حکومت کو میرے سوا کون بچائے گا؟

شام میں سرکاری افواج اور باغیوں کے درمیان بھیانک معرکہ آرائیوں کی وجہ سے شام میں خون مسلم کی ارزانی ہے۔ امریکہ اپنے قدیم منصوبے پر شرمناک عیاری سے کام لیتے ہوئے شام کو عراق کی طرح تباہ و تاراج کرنے کی تیاری کررہا ہے اس سے زیادہ افسوسناک بات یہ ہے کہ امریکہ و اسرائیل شام کے ساتھ اسرائیل کی بے جگری سے مزاحمت کرنے والی دونوں تنظیموں حماس اور حزب اللہ کو بھی کمزور کرنے کی سر توڑ

کوشش کر رہی ہیں۔ حماس کو بچانے کی کوئی فکر عرب ممالک کو نہیں ہے بلکہ امریکہ کے زیر اثر ہی نہیں بلکہ تابعدار ہونے کی وجہ سے حزب اللہ کے خلاف کارروائیاں کرنے کے لئے جواز پیدا کئے جارہے ہیں تاکہ شام اور لبنان کے دفاع کی کوئی صورت باقی نہ رکھی جائے اور اسرائیل کے لئے ممکنہ خطرات کو ختم کر دیا جائے۔ حد تو یہ ہے کہ بیت المقدس کے تحفظ سے وہ غافل ہیں۔

عرب اور دیگر مسلم ممالک کے حکمرانوں کی ہمالیائی غلطیاں یا عالم اسلام کے خلاف امریکہ خوشنودی کی خاطر ان کی مذموم کارروائی اپنی جگہ نہ صرف شرمناک ہیں بلکہ قابل مذمت ہیں لیکن عہد حاضر میں اسلامی انقلاب کا محرک یا داعی ایران بشارالاسد کی ہمدردی و حمایت کر کے امریکہ اور اسرائیل کے ان منصوبوں کی جن میں شام، حماس اور اسرائیل کی تباہی کو ترجیح حاصل ہے تکمیل میں انجانے میں دن سے تعاون کر رہے ہیں جبکہ بشارالاسد جیسے بے دین، ظالم و جابر آمر کی مدد کا کوئی جواز نہیں ہے مورخ بشارالاسد کی مدد کرنے کے لئے ایران کو ہرگز معاف نہیں کرے گا۔

اس سے قبل یہ وضاحت ضروری ہے کہ بشارالاسد کو سنی و شیعہ دونوں ہی مسلمان تسلیم نہیں کرتے ہیں اگر بشارالاسد صحیح العقیدہ شیعہ ہوتے تو ان کی حمایت کا کوئی جواز ایران کے پاس ہوتا تاہم واضح کر دیں شام کے خونین بحران کا تعلق مسلک سے نہیں ہے ویسے مغرب کے ذرائع ابلاغ دنیا بھر میں یہ پروپگنڈہ اپنے مذموم مقاصد کی تکمیل کے لئے کر رہے ہیں کہ مشرق وسطیٰ میں مسلکی اختلافات خطرناک حد تک بڑھ گئے ہیں۔ ترکی و مصر میں شورش اور مخالف حکومت سرگرمیوں کی افواہوں کی طرح مسلکی اختلافات کے سنگین حد تک بڑھنے کی افواہ بھی مغربی اور صیہونی میڈیا کی شرانگیزی ہے

جس کو اہمیت ہر گز نہیں دینا چاہئے۔

شام کے مسئلہ میں عرب ممالک اور ایران کی غلطیوں سے بڑھ کر یہ امر خطرناک ہے کہ امریکہ نے شام کے باغیوں کو اسلحہ فراہم کرنے کا اعلان کیا ہے ویسے یہ بات اپنی جگہ حقیقت ہے کہ امریکہ یہ کام بغیر اعلان کئے راست یا بالراست کر تا رہا ہے اور اب علی الاعلان کر کے شام کی افواج اور عسکریت پسندوں کو مکمل تباہ وبرباد کرنا چاہتا ہے۔ اس سے بھی زیادہ خطرناک خبر یہ ہے کہ امریکہ مسلسل یہ چھوٹا پروپگنڈہ زور شور سے کر رہا ہے کہ بشارالاسد جراثیمی اسلحہ استعمال کر رہے ہیں۔

قارئین یہ بات ہر گز نہ بھلا سکے ہوں گہ عراق پر حملے کا جواز امریکہ و برطانیہ نے یہی بتایا تھا کہ صدام حسین شہید کے پاس ایٹمی، کیمیائی و جراثیمی اسلحہ ہیں یہاں ایٹمی کا تو سوال نہیں ہے ہاں جراثیمی کا جواز تراشا جا رہا ہے۔ ایک بار جھوٹ بول کر ایک ملک کو تباہ کرنے والی عالمی طاقت پھر جھوٹ کے سہارے وہی ڈھونگ دوبارہ رچانے کی فکر میں ہے اور عالمی ممالک کی اکثریت پھر خاموش ہے۔

امریکی مداخلت کا نتیجہ یہ ہو گا کہ اسرائیل کا ایک طاقتور حریف، نسبتاً ترقی یافتہ سر سبز و شاداب علاقوں کا مالک ایک مسلم ملک (بشارالاسد بھلے ہی مسلمان نہ ہوں) تباہ کر دیا جائے گا۔ حزب اللہ بھی کمزور ہو جائے گا۔ حزب اللہ کے ساتھ خلیجی ممالک کی بدسلوکی کا ردعمل حماس پر ایران ظاہر کر رہا ہے۔ حماس وسائل سے محروم ہو رہا ہے۔ ایران اور خلیجی ممالک کا کچھ نہ جائے گا سب سے زیادہ فائدے میں اسرائیل ہو گا جو عرب ممالک اور ایران دونوں ہی کا دشمن ہے۔ کیا یہ المیہ نہ ہو گا کہ اپنی مزاحمت کو آپ خود کمزور کر کے مشترکہ دشمن کو فائدہ پہنچائیں؟

شام میں بغاوت یا خانہ جنگی کوئی ایسا مسئلہ نہ تھا کہ جس کو اسلامی ملکوں کی تنظیم یا عرب لیگ حل نہ کر سکتی مسئلہ کو حل کرنا تو دور کی بات ہے وہ عارضی صلح یا جنگ بندی کروانے خون ریزی ختم کروانے میں بھی ناکام رہے ہیں اور نہ ہی اپنے طور پر وہ بشارالاسد پر جراثیمی ہتھیاروں کے استعمال کے الزام کی تحقیق کرکے اس کی تردید و توثیق تک نہ کر سکے اگر بشارالاسد نے جراثیمی ہتھیار استعمال نہیں کئے ہیں باغیوں کی کمان یا قیادت اس کی پرزور تردید کرکے شام کو امریکہ کی مداخلت و متوقع تباہی سے محفوظ رکھ سکتے ہیں لیکن باغیوں اور ان کے حمایتی ممالک کی خاموشی امریکہ کی مجرمانہ مدد ہے۔ شام میں خون ریزی کی ذمہ داری اسد اور باغیوں سے زیادہ عرب ممالک اور ایران پر ہے جنہوں نے دونوں فریقوں کی حمایت اور مدد کرکے کسی فیصلے کے امکانات کو ختم کر دیا ہے۔

حزب اللہ نے اسد کی مدد کرکے نہ صرف اسد کی حوصلہ افزائی کی ہے بلکہ مسئلہ کو پیچیدہ کر دیا۔ سب ہی جانتے ہیں کہ حزب اللہ کی مدد میں ایران کا مشورہ اور مرضی شامل ہے۔ ایران کو عرب ممالک سے برگشتہ کرنے اور تعلقات میں تلخی کے ذمہ دار بڑی حد تک عرب ممالک ہیں جن کے نزدیک امریکہ کی خوشنودی سب سے زیادہ اہم ہے۔ آگے بڑھنے سے پہلے ہم یہ بتا دیں کہ عربوں اور ایران کے تعلقات کا ملک سے کوئی تعلق نہیں ہے اگر ایسا ہو تا تو شاہ ایران کے زمانے میں بھی ان کے تعلقات خراب رہتے بلکہ شاہ فیصل و شاہ ایران قریبی دوست ذاتی طور پر بھی تھے۔

اگر ایران نے حزب اللہ کو شام کی خانہ جنگی میں جھونکنے کی غلطی کی ہے اور اس کی طاقت و صلاحیت کو کمزور کیا ہے تو عرب ممالک نے حزب اللہ کی مخالفت کرنے کی غلطی کی ہے۔ حزب اللہ کو اسرائیل سے لڑنا تھا اور وہ اپنے ہی بھائیوں سے نبرد آزما ہے!

امریکہ و اسرائیل ہی نہیں بلکہ دنیا بھر کی طاغوتی قوتوں کی یہ سازش ہے کہ مسلم ممالک کو آپس میں لڑایا جاتا رکھا جائے اور مسلمان اس سازش کا شکار ہوتے ہیں۔ یمن کی ۱۹۶۰ء کی دہائی کی خانہ جنگی، پاکستان کو تقسیم کرنا، ایران و عراق کی جنگ، کویت پر حملہ سب اس سلسلے کی کڑیاں ہیں۔ حزب اللہ کی شام میں کارروائیوں کے خلاف اس پر دباؤ ڈالنے کے لئے کچھ اور بھی کرسکتے تھے لیکن اس بات کا کوئی جواز نہیں ہے کہ علامہ یوسف القرضاوی اور سعودی عرب کے مفتی اعظم اور دیگر عرب علماء کا حزب اللہ کی مذمت اور خلیجی ممالک میں حزب اللہ پر سختیاں اس کی حمایت کرنے والوں کا ملک سے اخراج اور اس پر الزام تراشیاں بلکہ حزب اللہ کو حزب الشیطان کہنا قابل قبول نہیں ہے بلکہ اسرائیل کی بالواسطہ مدد ہے۔

دوسری طرف ایران نے حماس کے خلاف کارروائیاں کرکے وہی کیا جو عرب ممالک نے حزب اللہ کو کمزور کرکے اسرائیل کے خلاف مزاحمت کو کمزور کرکے کیا ہے۔ پہلے اسد نے شام سے حماس کا خروج کیا پھر ایران جے حماس کو دی جانے والی ۲۲ ملین ڈالر کی امداد بند کردی ہے اور حماس کو اسلحہ کی فراہمی اور عسکری تربیت کا پروگرام منسوخ کرکے حماس کو زبردست نقصان پہنچایا ہے بلکہ اتنا نقصان تو عربوں نے حزب اللہ کا بھی نہیں کیا۔ حزب اللہ اور حماس کو کمزور کرنے کے لئے عرب ممالک اور ایران دونوں ہی مذمت کے مستحق ہیں۔

بشارالاسد نے اگر مسلمانوں کی نہ سہی صرف عربوں یا شام کی ایسی خدمت کی ہوتی تو ان کی حمایت کا کوئی جواز ہوتا۔ امریکہ کے ساتھ روس بھی شام میں غیر ضروری مداخلت کا مجرم ہے یہ سوال بھی اہم ہے کہ روس نے صدام حسین اور قذافی کی کوئی مدد

کیوں نہیں کی جو بشارالاسد سے زیادہ روس کے دوست تھے؟

امریکہ کے خلاف روس نے عراق کی مدد نہیں کی۔ ایران کے خلاف بھی روس نے امریکہ کی تائید کرکے ایران پر پابندیوں کو عائد کروایا جبکہ وہ ویٹو بھی کر سکتا تھا۔ امریکہ کی طرح روس کی بھی شام میں نیت خراب ہے۔ دونوں ہی شام کی تباہی کے درپہ ہیں۔ اگر ایران و عرب ممالک تدبر، تحمل اور عالم اسلام کے خلاف جاری سازشوں کو سمجھ کر معاملہ فہمی سے کام نہ لیں تو شام پر بڑا برا وقت آسکتا ہے اور مسجد اقصیٰ کے لئے خطرات بڑھ سکتے ہیں۔

***